Angelika Kirchmaier   Rosemarie Loidl   Trude Marquardt   Alexandra Wolt

GLUTENFREI BACKEN

über 80 Rezepte für überragenden Genuss

Inhalt

Die Uhren in den Rezepten kennzeichnen verschiedene Schwierigkeitsgrade.

🕐 Dieses Gericht ist einfach zuzubereiten.

🕐 🕐 Kalkulieren Sie etwas mehr Zeit für dieses Gericht ein, es gibt mehrere Arbeitsschritte.

🕐 🕐 🕐 Für dieses Gericht brauchen Sie Zeit und Geduld, viele verschiedene Arbeitsschritte müssen durchgeführt werden.

Auch bei einem einfachen Gericht mit nur einer Uhr kann die Gesamtzubereitung durchaus einige Zeit in Anspruch nehmen, zum Beispiel durch Geh- oder Backzeiten, diese entnehmen Sie dem Zubereitungstext.

Die Nährwertangaben sind für 100 Gramm des fertigen Produkts berechnet.

Einleitung 4

Brot und Brötchen 26

Kuchen, Muffins und Co. 50

Kekse 92

Süße Mehlspeisen 110

Herzhaftes Gebäck 120

Grundrezepte 136

Rezeptregister 142

4 | Die vier Expertinnen

Vier Expertinnen
– vier Mal geballtes Wissen zum Thema GLUTENFREI

Der Auftrag: ein glutenfreies Backbuch mit absoluter Gelinggarantie

Der Wunsch: neben neuen Kreationen auch bekannte Rezepte mit glutenfreien Zutaten

Das Ergebnis: über 80 erprobte Rezepte, über 50 praktische Tipps und eine ausführliche Einleitung zu allen gesundheitlichen Fragen

Doch bis dahin war es ein langer Weg. Unsere Expertinnen haben Rezepte entwickelt, gebacken und probiert, Zutaten abgewogen und verändert, Backzeiten verlängert und Teig genascht. Um schließlich mit ihren Rezepten nicht nur das Backen, sondern auch das alltägliche Leben der Betroffenen ein bisschen zu erleichtern.

Und das sind sie (von links nach rechts):

Rosemarie Loidl, Trudel Marquardt, Angelika Kirchmaier, Alexandra Wolf

Mein Name ist Angelika Kirchmaier. Ich bin ausgebildete Touristikkauffrau, Köchin, Diätologin und Gesundheitswissenschaftlerin. In meiner freiberuflichen Praxis in der Nähe von Kitzbühel in Tirol teste ich in meiner Schau- und Versuchsküche Lebensmittel und entwickle Rezepturen. Ich lehre an diversen Bildungseinrichtungen und gestalte wöchentliche Radiobeiträge für den ORF Tirol. Als Buchautorin erschienen von mir bisher die Ratgeber „Xundheit", „Xund kochen", „Xund backen" und „Xunde Jause", nun folgt „Glutenfrei backen".

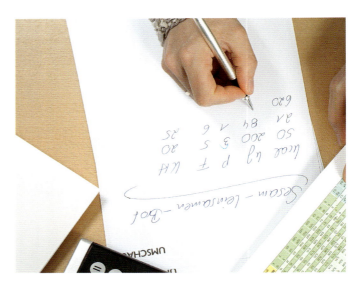

Glutenfreie Ernährung

Gluten – was ist das?

Gluten, umgangssprachlich Kleber oder Klebereiweiß genannt, ist eine Eiweißsubstanz, die in verschiedenen Getreidesorten vorkommt. Gluten sorgt für die Lockerung im Teig.

Glutenfrei essen – wer ist betroffen?

Die Hauptzielgruppe für glutenfreie Ernährung stellen Betroffene mit diagnostizierter Zöliakie dar. Bei Zöliakie handelt es sich um eine Erkrankung der Dünndarmschleimhaut. Das für Gesunde harmlose Gluten führt bei den Betroffenen zu einer Immunreaktion, die eine chronische Entzündung im Darm auslöst. Als Folge bilden sich die Darmzotten zurück. Eine normale Verdauung und die damit verbundene Aufnahme der Nähr- und Wirkstoffe aus dem Darm in das Blut sind nicht mehr möglich.

Vor allem die sogenannten Prolamine, z. B. Gliadin aus dem Weizen, Secalin aus dem Roggen oder Hordein aus der Gerste, schädigen die Darmzotten. Der Einfachheit halber wird von Glutenunverträglichkeit gesprochen, obwohl die Unverträglichkeit sich lediglich auf Teile des Glutens beschränkt (Prolamine und Glutenine).

Die Erkrankung verläuft chronisch und ist derzeit nur mit einer entsprechenden glutenfreien Diät behandelbar. Darmschädigend wirken oft bereits Spuren von Gluten.

Eine Zöliakie kann ein Leben lang symptomlos verlaufen, aber auch zu leichten bis schweren Symptomen führen, wie z. B. Wachstumsverzögerungen, Eisenmangel, Knochenabbau (Osteopenie bis Osteoporose), Konzentrationsstörungen und massive Bauchschmerzen, z. B. begleitet von Durchfällen. Selbst Unfruchtbarkeit und Fehlgeburten sind bei unbehandelter Zöliakie möglich.

Bei einigen Autoimmunerkrankungen, wie z. B. bei Diabetes mellitus Typ 1, umgangssprachlich als Zuckerkrankheit bezeichnet, rheumatoider Arthritis, der Einfachheit halber Rheuma genannt und Dermatitis herpetiformis Duhring, einer Bläschen bildenden Hauterkrankung, kann als Begleiterkrankung eine Zöliakie auftreten, die oft symptomlos verläuft, aber in Verdacht steht, das allgemeine Krankheitsgeschehen ungünstig zu beeinflussen. Eine Untersuchung in Bezug auf Zöliakie verschafft im Zweifelsfall Klarheit. Bei entsprechender Diagnosestellung bildet eine glutenfreie Ernährung die Basis der Therapie.

Neben Betroffenen der Zöliakie greifen auch Weizenallergiker gerne auf glutenfreie Produkte zurück, da diese in der Regel weizenfrei sind. Auch Roggen- und Gerstenallergiker gehen mit glutenfreien Produkten auf Nummer sicher.

Von vorübergehender oder ausschließlicher glutenfreier Ernährung können in manchen Fällen auch Personen profitieren, die an unerklärbaren Darmbeschwerden, oft als Reizdarmsyndrom diagnostiziert, schweren Erkrankungen im Darmbereich, z. B. Morbus Crohn, oder einem Tumor im Darmbereich leiden.

Derzeit noch am Beginn steckt die Forschung im Bereich der Glutenunverträglichkeit auch „Gluten Sensitivity" genannt. Darunter versteht man eine Glutenunverträglichkeit, ohne dass eine Zöliakie vorliegt, aber mit ähnlichen Symptomen. Es handelt sich in diesen Fällen nicht um eine autoimmune Reaktion, sondern um eine Unverträglichkeit. Bessert sich bei glutenfreier Ernährung das Beschwerdebild, könnte eine Glutenunverträglichkeit dahinterstecken. Sprechen Sie im Zweifelsfall mit Ihrem Arzt.

Begleitsymptome

Für die Behandlung aller Begleiterkrankungen gilt: keine Experimente! Wenden Sie sich an einen guten Therapeuten, das erspart einen langen Leidensweg, hohe Kosten und unnötiges Verzichten.

In der Regel bilden sich die Begleitsymptome vollständig zurück, sobald die Darmschleimhaut sich erholt hat. Subjektiv spüren die meisten Betroffenen schon nach 2–3 Wochen glutenfreier Ernährung eine Besserung. Die vollständige Abheilung der Begleitsymptome kann aber eine längere Zeit in Anspruch nehmen.

Laktoseintoleranz

Laktose (der Milchzucker) setzt sich aus Glukose (Traubenzucker) und Galaktose (Schleimzucker) zusammen. Im Körper erfolgt die Spaltung des Milchzuckers in die beiden Einzelkomponenten durch das Enzym Laktase. Fehlt Laktase, spaltet der Körper den Milchzucker nicht und es kann zu Symptomen wie Blähungen und Durchfällen kommen. Damit der Körper wieder Milchzucker verdauen kann, ist es wichtig, zum schnellstmöglichen Zeitpunkt wieder kleine Mengen an laktosehaltigen Milchprodukten in den Speiseplan einzubauen. So gewinnt der Körper die ursprüngliche Verdauungskapazität meist wieder zurück. Bei gänzlicher Meidung von Milchzucker kann es zu einer lebenslangen Unverträglichkeit kommen und längerfristig zu einem Defizit an natürlichem Kalzium.

Bevorzugen Sie, wenn Sie Ersatzprodukte verwenden, tierische laktosefreie Milchprodukte, diese enthalten deutlich mehr natürliches Kalzium als pflanzliche Ersatzprodukte. Verwenden Sie ungesüßte Produkte oder reduzieren Sie den Zuckeranteil im Rezept.

Fruktosemalabsorption

Bei der Fruktosemalabsorption handelt es sich um eine Unverträglichkeit auf Fruchtzucker, meist begleitet von einer Unverträglichkeit auf z. B. Sorbit. Genauso wie bei der Laktoseintoleranz ist auch hier ein langsames Wiedereinführen des

Folgende Produkte können Sie statt laktosehaltiger Milchprodukte verwenden:

Milch	laktosefreie Milch, Kokos-, Soja-, Mandel-, Reismilch, Fruchtsaft
Dickmilch	laktosefreie Kochsahne, Kokosmilch
Joghurt, Buttermilch, Sauermilch, Kefir	laktosefreier Joghurt, laktosefreie Buttermilch, Sojajoghurt
Quark, Ricotta, Frischkäse	laktosefreier Quark, Tofu mit Wasser oder einer laktosefreien Milch zu einer quarkähnlichen Masse pürieren
Saure Sahne, Schmand, Crème fraîche	laktosefreie saure Sahne oder laktosefreier Schmand
Sahne	laktosefreie Sahne, Kokosmilch
Butter	laktosefreie Butter, Butterschmalz, Öl, milchfreie Margarine, Kokosfett
Pudding	laktosefreier Pudding, Sojapudding, hausgemachter Pudding aus laktosefreier Milch

Fruchtzuckers sinnvoll, damit sich die volle Verdauungsleistung wieder einstellen kann. Eine lebenslange streng fruchtzuckerarme Ernährung kann zu gravierenden Mangelerscheinungen führen. Selbst wenn in sehr seltenen Fällen auch nach Regeneration der Darmzotten eine Fruktosemalabsorption bleibt, ist es trotzdem sinnvoll, fruchtzuckerhaltige Lebensmittel bis zur individuellen Verträglichkeit zu genießen.

Eisenmangel

Ein akuter Eisenmangel lässt sich zumeist durch Eisenpräparate in Verbindung mit Vitamin C, z.B. frischem Obst oder Gemüse, behandeln. Nehmen Sie Eisentabletten nie mit Milch und Milchprodukten ein. Das Kalzium aus der Milch hemmt die Eisenaufnahme. Um auf Dauer einen Eisenmangel zu vermeiden, helfen Ihnen die Tipps von Seite 12.

Lebensmittelauswahl und Tipps zum Speiseplan

Gluten ist nur in bestimmten Getreidesorten enthalten. Sämtliche Zubereitungen aus glutenhaltigen Getreidesorten sind natürlich ebenfalls glutenhaltig, z.B. Mehl, Schrot, Grieß, Graupen, Flocken, Stärke, Kleie, Teigwaren, Pizza, Gnocchi, Knödel, Paniermehl, Knabbergebäck, Brot, Gebäck, Müsli, Kuchen, Eiswaffeln sowie aufgrund des Gerstenanteils Malzkaffee, Malzgetränke und Bier. Auch viele verarbeitete Lebensmittel enthalten Gluten, z.B. Würzmischungen. Im Zweifelsfall fragen Sie beim Hersteller nach.

Dazu gibt es ein reichhaltiges Angebot an glutenfrei hergestellten Lebensmitteln im Handel. Die Palette reicht von glutenfreiem Mehl, Brot, Backwaren über Teigwaren bis hin zu Müsli und Süßem. (Quelle: VERORDNUNG (EG) Nr. 41/2009 DER

KOMMISSION, vom 20. Januar 2009, zur Zusammensetzung und Kennzeichnung von Lebensmitteln, die für Menschen mit einer Glutenunverträglichkeit geeignet sind, download http://eur-lex.europa.eu/LexUriServ/LexUriServ.do?uri=OJ:L:2009:016:0003:0005:DE:PDF)

Als Mitglied der Zöliakie-Vereinigungen erhalten Sie Listen mit glutenfreien Produkten aus dem klassischen Lebensmittelhandel. So können Sie einfach und bequem herausfinden, ob zum Beispiel das Backpulver oder die Nüsse, die Sie bisher verwendeten, glutenfrei sind.

Ihre Ansprechpartner in

- **Deutschland:** Deutsche Zöliakiegesellschaft
  http://www.dzg-online.de
- **Österreich:** Österreichische Arbeitsgemeinschaft Zöliakie
  http://www.zoeliakie.or.at/
- **Italien:** Italienischer Verband für Zöliakie, www.celiachia.it, Südtiroler Verband für Zöliakie, www.aic.bz.it, Zöliakie Italia, www.celiachiaitalia.com
- **Schweiz:** IG Zöliakie der deutschen Schweiz
  http://www.zoeliakie.ch/

Je naturbelassener ein Produkt, desto höher die Wahrscheinlichkeit, dass es glutenfrei ist. Je höher verarbeitet, desto eher müssen Sie mit einer Glutenkontamination oder einem Zusatz von glutenhaltigen Zutaten rechnen. Spuren von Gluten kommen z. B. im Zuge der Verpackung in das glutenfreie Produkt und zwar dann, wenn Glutenhaltiges und Glutenfreies in derselben Anlage abgefüllt werden. Besonders häufig findet man Kontaminationen in Getreide, getrockneten Hülsenfrüchten, Nüssen und Samen.

Hafer vertragen zwar aufgrund der geringen Prolaminanteile nahezu alle Zöliakiebetroffenen, Experten raten aber derzeit von Haferprodukten ab, da diese häufig bei der Abfüllung mit Gluten kontaminiert werden. Auf Nummer sicher gehen Sie beim Symbol der durchgestrichenen Ähre. So gekennzeichnete Lebensmittel sind garantiert glutenfrei. Auch Lebensmittel mit dem Vermerk „glutenfrei" können Sie bedenkenlos genießen.

Glutenfrei gesund essen

Eine glutenfreie Ernährung erfordert eine enorme Umstellung der bisherigen Essgewohnheiten. Es gilt, trotz der Einschränkungen einen abwechslungsreichen und gesunden Speiseplan zu kreieren. Erschwert wird die Situation durch die anfänglich oft auftretenden Begleitsymptome, z. B. Laktoseintoleranz. Trotz Glutenverzichts lässt sich aber ein vielfältiger und bunter Speiseplan gestalten. Es gibt immer noch eine Vielzahl von Lebensmitteln, die ohne Bedenken genossen werden können.

Ein einseitiger Speiseplan (der oft aus Unsicherheit resultiert) und eine noch nicht zur Gänze regenerierte Darmschleimhaut können zu Mangelerscheinungen führen. Besonders häufig betroffen sind Eisen, Vitamin B_{12}, Folsäure, Kalzium und Ballaststoffe. Um diese und alle weiteren Mangelerscheinungen zu vermeiden, genießen Sie nach folgendem „Grundrezept".

Glutenhaltige Lebensmittel

- Weizen,
- Hartweizen (Bulgur, Couscous ...)
- Dinkel
- Grünkern
- Kamut
- Einkorn
- Emmer
- Roggen
- Waldstaudenkorn (Urroggen)
- Triticale
- Gerste
- und alle verwandten Getreidearten

Glutenfreie Lebensmittel

- Mais, z. B. als Maismehl, Polenta, Maisstärke oder gepufft
- Reis, z. B. im Ganzen, als Mehl, Flocken, Stärke oder gepufft
- Wildreis
- Hirse, Buchweizen, Amaranth und Quinoa, z. B. im Ganzen, als Mehl, Schrot, Flocken oder gepufft
- Johannisbrotkernmehl, Pfeilwurzstärke, Kuzu, Guarkernmehl, Apfelfaser, Pektin, Carrageen
- Kastanien, z. B. im Ganzen oder als Mehl
- Kartoffeln, z. B. frisch gegart oder als Stärke
- Hülsenfrüchte, also Erbsen, Kichererbsen, Bohnen und Linsen, z. B. frisch gegart oder als Mehl
- Soja, z. B. im Ganzen gegart, als Mehl, Tofu natur oder Sojamilch natur
- Nüsse, z. B. Wal-, Hasel-, Macadamia-, Cashew-, Pecan-, Erd-, Paranüsse, Pinienkerne, Pistazien, Kokos, Mandeln
- Samen, z. B. Sesam, Leinsamen, Kürbis-, Sonnenblumenkerne
- Obst
- Gemüse und Salat
- Naturbelassene Kräuter
- Naturbelassene Milch und Milchprodukte, z. B. Milch, Naturjoghurt, Quark, Buttermilch, Sauermilch, Acidophilusmilch, Käse ohne Zusätze, Kondensmilch etc.
- Eier
- Fleisch
- Fisch, Meeresfrüchte
- Pflanzenöle, z. B. Oliven-, Raps-, Kürbiskern-, Leinöl
- Zucker, Honig, Ahornsirup, Agavendicksaft, Birnendicksaft
- Marmelade
- Wasser, Bohnenkaffee, reine Tees aus Teekräutern ohne Zusätze
- Reine Fruchtsäfte
- Wein, Sekt

Glutenfreie Ernährung

Täglich

Mit dieser Gruppe decken Sie u. a. einen Großteil der wichtigsten Vitamine, Mineralstoffe und Ballaststoffe ab.

▸ Mindestens 3 faustgroße Portionen von einem glutenfreien Getreide, z. B. in Form von Brot, Müsli oder Beilagen. Bevorzugen Sie Vollkorngetreide, z. B. Vollkornreis, Hirse, Buchweizen und dunkle Mehlmischungen *oder* mindestens 3 faustgroße Portionen Kartoffeln *oder* 3 faustgroße Portionen Hülsenfrüchte *oder* eine Mischung aus glutenfreiem Getreide, Kartoffeln und Hülsenfrüchten
▸ mindestens 3 faustgroße Portionen Gemüse oder Salat
▸ 3 faustgroße Portionen Obst
▸ 4 Scheiben oder Esslöffel voll Käse, am besten Hartkäse, z. B. Bergkäse und Parmesan. Hartkäse punktet durch einen besonders hohen Kalziumgehalt. Alternativ zum Käse können Sie auch 3 Becher Milch oder Milchprodukte, z. B. Joghurt oder Buttermilch oder eine Mischung aus beiden genießen. Bei Laktoseintoleranz können Sie bei Bedarf von Haus aus laktosefreie Milchprodukte, z. B. gut gereiften Bergkäse oder Parmesan oder speziell hergestellte laktosefreie Milchprodukte wählen.

Wöchentlich

Diese Gruppe sorgt u. a. für Eisen:

▸ Maximal 3 handtellergroße Portionen Fleisch, inklusive aller Fleischprodukte, wie z. B. Wurst, Hackfleisch, Würstchen, Leberkäse etc. Achtung: nur handteller-, nicht handflächengroß! Bevorzugen Sie fettarmes Fleisch. Achtung! Fleischprodukte, z. B. Wurst, können Gluten enthalten!
▸ 2–3 handtellergroße Portionen Fisch, z. B. frisch, geräuchert oder aus der Dose. Fisch aus der Dose soll frei von Aromazusätzen sein.
▸ 2–3 Eier, inklusive der Eier in glutenfreien Kuchen, Keksen, Spätzle, Fertiggerichten etc.

(Quelle: modifiziert nach DGEInfo 05/2004, *http://www.dge.de/modules.php?name=News&file=article&sid=415*, download am 4. April 2011)

Fett

Fett zählt zu den lebensnotwendigen Bestandteilen unseres Körpers. Wichtig ist die Zusammensetzung der Fette, erkennbar am sogenannten Fettsäuremuster, das sich aus gesättigten, einfach und mehrfach ungesättigten Fettsäuren zusammensetzt. Bei fast allen hochwertigen Fetten finden Sie inzwischen die Angabe des Fettsäuremusters auf der Verpackung.

Dabei gilt:

▸ ***Gesättigte Fettsäuren*** dienen vor allem der Speicherung, sorgen also z. B. für die Schutzpolster im Körper, aber auch für ein „Genussgewölbe" und sollten dementsprechend in kleinen Mengen genossen werden. Als Erkennungsmerkmal gilt, je härter das Fett, desto höher der Anteil an gesättigten Fettsäuren.

- *Einfach ungesättigte Fettsäuren* verwöhnen z. B. Ihr Gehirn und sorgen für gute Schutzschichten der Nerven. Je höher der Anteil an einfach ungesättigten Fettsäuren, desto gesünder das Fett. Oliven- und Rapsöl enthalten z. B. reichlich einfach ungesättigte Fettsäuren.
- *Mehrfach ungesättigte Fettsäuren* sind in kleinen Mengen (bis zu ca. 2 Esslöffel pro Tag) gut für den Körper, in größeren Mengen bedeuten sie Stress. Distelöl enthält zum Beispiel einen sehr hohen Anteil an mehrfach ungesättigten Fettsäuren.

TIPP: Verwenden Sie also zum Kochen und Backen am besten Raps- oder Olivenöl, für Salate und die kalte Küche kaltgepresste Öle, z. B. Leinöl oder Kürbiskernöl, und als Brotaufstrich eine hochwertige Butter, maximal 20 Gramm pro Tag. Eine hochwertige Butter erkennen Sie daran, dass sie ohne Farbzusatz durch und durch gelb und aus dem Kühlschrank heraus streichfähig ist. Harte und weiße Butter weist auf einen hohen Anteil an gesättigten Fettsäuren und einen geringen Anteil an hochwertigen Vitaminen hin.

Rührkuchen lässt sich fantastisch mit Öl backen. Am besten eignet sich Rapsöl, da es neutral schmeckt und ein hervorragendes Fettsäuremuster aufweist. Ersetzen Sie die angegebene Menge an Margarine oder Butter durch Öl und zwar nach folgender Regel: insgesamt 20 % weniger, die Hälfte in Form von Öl und die andere Hälfte in Form von einem flüssigen Milchprodukt, z. B. Joghurt, Buttermilch oder Sauermilch.

Zum Beispiel können Sie 250 Gramm Butter durch 100 Gramm Rapsöl und 100 Gramm gegebenenfalls laktosefreien Naturjoghurt ersetzen. Die Zubereitung ändert sich insofern, als dass Sie Öl und Joghurt nicht mehr schaumig rühren müssen, sondern nur noch mit einer Teigkarte unterheben. Sie ersparen sich dadurch nicht nur reichlich Kalorien, sondern werten den Kuchen auch noch mit hochwertigen Fettsäuren und Kalzium auf.

Ballaststoffe

Ballaststoffe kommen bei Zöliakiebetroffenen oft zu kurz. Dabei sind Ballaststoffe nicht nur für eine gute Verdauung wichtig, sondern auch für die Pflege des Immunsystems, das ja bekanntlich zu einem großen Teil im Darm wurzelt. Um den Ballaststoffanteil im Gebäck zu erhöhen, verwenden Sie ballaststoffreiche Mehlmischungen, reiben einen Apfel in den Rührteig, mischen Flohsamenschalen unter oder belegen Kuchen mit Obst.

Mein Name ist Trudel Marquardt. Ich bin gelernte Bankkauffrau, Autorin und begeisterte Köchin und Bäckerin. Nach langer Ungewissheit wurde vor 16 Jahren bei mir Zöliakie diagnostiziert. Heute veröffentliche ich meine zahlreichen glutenfreien Rezepte auf meiner Homepage *www.glutenfrei-kochen.de* und versuche durch meinem Blog *blog.glutenfrei-kochen.de* Zöliakiebetroffenen die Angst vor dem Backen zu nehmen!

Diagnose Zöliakie

Schon als Kind war ich viel krank. Heute weiß ich, dass ich immer schon Zöliakie hatte. Wenn ich mir die Fotos aus meiner Kindheit anschaue, hatte ich schon damals den typischen Blähbauch. Doch der Weg bis zur Diagnose war weit.

Mit 18 Jahren nahm man mir auf Verdacht den Blinddarm heraus, mit 20 wurde die Schilddrüse untersucht, dann Bakterien, Salmonellen, Hefepilze – alles ohne Ergebnis. Ich hatte immer wieder Schübe mit lang anhaltenden Durchfällen und hoher Gewichtsabnahme. Mein Eisengehalt im Blut war immer zu niedrig.

Zugespitzt hat sich die Situation 1995. Nach einem Urlaub hatte ich permanent extreme Durchfälle, in kürzester Zeit nahm ich 17 kg ab. Die ständigen Durchfälle führten zu Mangelerscheinungen, ich hatte Knochen- und Zahnprobleme. In einer psychosomatischen Klinik sollte mein Darm in Ordnung gebracht werden. Auf eigene Verantwortung habe ich mich dann für eine Kur entschieden und hatte das Glück dort auf eine gute Ernährungsberaterin zu stoßen.

Sie brachte mich auf die Spur der Zöliakie. Trotz dieses Verdachts dauerte es weitere 15 Tage, bis die Diagnose Zöliakie/Sprue Typ 3 c stand. Nach dem ersten Schock war mir Gott sei Dank schnell klar, dass trotz vieler Einschränkungen endlich ein neuer Lebensabschnitt beginnen konnte.

Meine Familie hat mich auf meinem glutenfreien Weg immer unterstützt. Mein Mann meinte: „Das was Dir gut tut, kann auch mir nicht schaden." So halten wir es heute noch und ernähren uns bis auf das Brot gemeinsam glutenfrei.

Zu meinem 58. Geburtstag schenkten mir meine Söhne die Website *www.glutenfrei-kochen.de* und ich fing an meine Rezepte aufzuschreiben. Inzwischen kommt auch noch der Blog *blog.glutenfrei-kochen.de* dazu. Es ist für mich immer wieder eine Herausforderung zu zeigen, dass man mit der glutenfreien Ernährung genauso gut leben kann wie vorher. Für mich ist die glutenfreie Ernährung zudem eine Chance, nicht nur meine Krankheit in den Griff zu bekommen, sondern auch, mir mehr Gedanken über das Essen zu machen und mich gesünder zu ernähren.

Ich bin Rosemarie Loidl und Mutter von drei Kindern. Ich bin Autorin, Köchin und Bria-Künstlerin. Als bei meiner Tochter Zöliakie diagnostiziert wurde, begann ich glutenfreie Rezepte auszuprobieren und aufzuschreiben.

Unsere jüngste Tochter hatte bereits kurz nach der Geburt gesundheitliche Probleme. Sie hatte einen Blähbauch und starke Bauchschmerzen. Wir pilgerten mit ihr von einem Arzt zum nächsten, doch keiner wusste, was ihr wirklich fehlte. In der ersten Klasse kamen starke Migräneanfälle hinzu. Die Ärzte machten Allergietests, ohne Ergebnis. Sie schlugen verschiedenste Diäten vor, jede verbunden mit der Hoffnung, dass sich für unsere Tochter endlich etwas verbessert. Was wir alles ausprobiert haben, ist unvorstellbar, doch nichts half. Unsere Kleine landete immer wieder im Krankenhaus. Den Ärzten fiel zwar immerhin auf, dass sie für ihr Alter viel zu klein war, doch weil ich auch nicht sehr groß bin, wurde diese Tatsache immer wieder abgetan.

Als sie in die Pubertät kam, wurde alles noch schlimmer. Sie futterte und futterte, nahm jedoch immer mehr ab. Der Eisenmangel hatte zu dieser Zeit auch seinen Höhepunkt erreicht und so wurde sie immer schwächer. Die Ärzte waren hilflos – wir waren verzweifelt. Aus lauter Verzweiflung ließen wir erneut einen Allergietest machen. Und man mag es kaum glauben: Nach 16 Jahren Leidensweg wurde unserer Tochter endlich diagnostiziert, warum es ihr so viele Jahre so schlecht ging: Sie hat Zöliakie.

Wir hatten von dieser Krankheit noch nie etwas gehört, so hielten wir uns genau an die Diätanweisungen des Arztes: Statt heller Mehle sollten wir auf Dinkelmehl umsteigen. Und schon wieder bekamen wir falsche Informationen. Auch die erste Ernährungsberaterin, mit der wir uns in Verbindung setzten (sie war uns von unserer Krankenkasse empfohlen worden), konnte uns nicht helfen. Die nette Dame war total überfordert. Wir bekamen auf unsere Fragen keine einzige Antwort. Und unsere Tochter war sehr frustriert.

Also ging es weiter, mit der Suche nach Hilfe. Zum Glück fanden wir eine Ernährungsberaterin, die Erfahrungen mit der Zöliakie hatte. Herrlich – so dachten wir! Doch es gab erneut einen Dämpfer, denn die Krankenkasse wollte die Kosten nicht übernehmen. Wieder begann ein harter Kampf.

Die Umstellung am Anfang war etwas schwierig, doch wir bekamen es recht schnell in den Griff. Zuhause klappte die glutenfreie Ernährung sehr gut, doch wenn unsere Tochter unterwegs war, wurde es schwierig. Essen mitzunehmen war ihr zu peinlich.

Etwas Gutes hatte die Zöliakie für unsere Jennifer doch, sie trank auf den ganzen Partys, auf denen sie war, kaum Alkohol. Zu dieser Zeit waren gerade Bier und die Biermischgetränke modern, die durfte sie nicht trinken und die harten Sachen mochte sie nicht. Das war für uns sehr beruhigend.

Ich habe alle ihre Lieblingsrezepte solange ausprobiert, bis sie glutenfrei genauso schmeckten, wie sie es gewohnt war. Vor zwei Jahren bekam sie ein handgeschriebenes Backbuch mit all ihren Lieblingsrezepten zu Weihnachten.

Damit es unserer Tochter leichter fällt mit ihrer Zöliakie zu leben, habe ich mich vor eineinhalb Jahren dazu entschieden, ebenfalls glutenfrei zu leben. Nach einigen Monaten waren auch meine ewigen Bauchschmerzen und die unzähligen Magenschleimhautentzündungen verschwunden. Genauso wie meine Leber- und Gallenschmerzen. Mir geht es nun viel besser, ich bin nicht mehr so müde und abgeschlagen, mein körperlicher Zustand hat sich verbessert. Und das, obwohl ich ganz sicher keine Zöliakie habe.

Leider gibt es immer noch sehr wenig Restaurants, die sich mit dem Thema Zöliakie auseinandersetzen. Auch in Metzgereien wissen sie nur ganz selten, von was man spricht, wenn man nach glutenfreier Wurst fragt. Auch viele Hausärzte kennen sich nicht mit der Zöliakie aus – das ist sehr erschreckend.

Ich hoffe für alle Betroffenen, dass sich in den nächsten Jahren noch mehr zum Guten ändern wird!

Ich bin Alexandra Wolf. Als Diplom-Ökotrophologin und Produktentwicklerin in der Forschungs- und Entwicklungsabteilung bei der Firma Dr. Schär habe ich 6 Jahre lang für Zöliakiebetroffene und Weizenallergiker vor allem das Brot-, Brötchen- und Mehlsortiment weiterentwickelt.

Nach der Geburt meiner beiden Söhne bin ich auf die Anwenderseite als Köchin und Bäckerin zu Hause umgestiegen. Aus den verschiedenen Mehlen der Firma Dr. Schär und deren Marken entwickle und erprobe ich Rezepte für Zöliakiebetroffene. So sind auch für dieses Backbuch etwa 50 Kreationen in meiner Küche entstanden – dabei habe ich mich ebenso von Rezepten mit Weizenmehl inspirieren lassen, wie auch völlig neue Experimente gewagt. Dass nun in Zusammenarbeit mit Angelika, Rosi und Trudel ein Buch mit zahlreichen Backrezepten entstanden ist, freut mich sehr, und ich wünsche allen Anwendern viel Freude beim Nachbacken, gutes Gelingen und vor allem einen guten Appetit!

Glutenfrei backen

Mehle und backen

Glutano-Produkte sind sowohl für Menschen mit Zöliakie oder Weizenunverträglichkeit geeignet, als auch für alle jene, die sich einfach bewusst ernähren und dabei auf gluten- und weizenhaltige Lebensmittel verzichten möchten. Ein Großteil der glutenfreien Produkte von Glutano ist überdies laktosefrei.

Durch die breite, einfache Verfügbarkeit im Lebensmitteleinzelhandel in Deutschland kann der Verbraucher beim Einkauf neben alltäglichen Lebensmitteln auch glutenfreie Spezialnahrung bekommen.

Für alle Österreicher, Schweizer oder andere im Ausland lebenden Konsumenten ist Glutano über *www.querfood.de*, *www.glutenfrei-supermarkt.de*, *www.foodoase.de* und andere Online-Händler erhältlich. Produktinfos und eine aktuelle Übersicht finden Sie auch unter *www.glutano.de*.

Die Rezepte, die Sie in diesem Backbuch vorfinden, sind alle mit den jeweils angegebenen Universalmehlen von Glutano entwickelt worden.

Sowohl das helle als auch das dunkle Universalmehl ist gluten-, weizen- und laktosefrei und enthält keine Zusätze von Ei, Milch und Soja. Darüber hinaus sind die Mehle nur mit pflanzlichen Zutaten hergestellt, außerdem enthalten sie keine Aromen, Farb- und Konservierungsstoffe.

Mix it! ist das helle Universalmehl von Glutano, es eignet sich für lockeres Brot und feine Backwaren, leckere Crêpes, Spätzle, aber auch zum Binden oder Panieren und vieles mehr. Mix it! ist geeignet für Hefe-, Mürbe-, Biskuit- oder Rührteige. Sowohl süße als auch salzige Gerichte lassen sich damit zubereiten! Das Mehl ist fein, es muss nicht gesiebt werden.

Mix it! Dunkel ist das dunkle Universalmehl von Glutano. Es ist mit Leinsamen- und Buchweizenmehl verfeinert und mit Ballaststoffen aus verschiedenen Fasern und Kleien angereichert. Das dunkle Universalmehl eignet sich nicht nur für Brot, sondern auch zum Backen von Kuchen, Mehlspeisen und herzhaftem Gebäck. Alle Backwaren erhalten eine schöne dunkle Farbe. Das Mehl muss nicht gesiebt werden, es klumpt nicht und lässt sich schnell einarbeiten.

Tipps und Tricks der Expertinnen

Aufbewahrung und Verwendung

- Garen Sie Glutenhaltiges nie gemeinsam mit Glutenfreiem. Das heißt: getrennte Töpfe und getrennte Bratpfannen etc. Oder Sie bereiten zuerst die glutenfreien Speisen zu, halten sie warm, und bereiten dann die glutenhaltigen zu.
- Verpacken Sie alle glutenfreien Zutaten staubsicher, z. B. in einer luftdicht verschließbaren Vorratsdose oder in Schraubverschlussgläsern.
- Vor dem Backen reinigen Sie die Arbeitsfläche und alle Arbeitsutensilien wie Messer, Backformen, Schneebesen und Kochlöffel gründlich! Kaufen Sie bei Geräten, die sich schwer reinigen lassen, z. B. Rührlöffeln aus Holz oder Schneidbrettern einen zweiten Satz, den Sie gut verpackt vor Gluten geschützt aufbewahren.
- Achten Sie darauf, dass Spültücher, Geschirr- und Handtücher glutenfrei sind. Bereits Mehlstaub reicht für eine Kontamination aus.

Mehle

- Je mehr Stärke im Mehl, desto mehr Flüssigkeit benötigen Sie, da die Stärke viel Flüssigkeit aufnimmt. Den Stärkeanteil eines Mehls finden Sie auf der Verpackung. Die Stärke nimmt zwar viel Flüssigkeit auf, gibt diese aber während und nach dem Backen auch sehr schnell wieder ab, daher werden Produkte aus sehr stärkehaltigem Mehl oft trocken.
- Nehmen Sie für die Arbeitsfläche immer das Mehl, das Sie auch zum Backen hernehmen.
- Um trockenes Gebäck zu vermeiden, mischen Sie nicht gleich zu Beginn die gesamte Mehlmenge in den Teig. Wenn der Teig nach der Quellzeit noch zu weich erscheint, können Sie immer noch etwas vom Mehl untermischen.

Zutaten

- Die meisten Rezepte lassen sich häufig problemlos in glutenfreie Gerichte umwandeln: Nehmen Sie 10% weniger Mehl oder ein Ei mehr.
- Verwenden Sie ausschließlich die Mehlsorten und die Mengen an Zutaten, die im Rezept angegeben sind.
- Bei allen Rezepten ist es wichtig, dass die Zutaten Zimmertemperatur haben. Benutzen Sie nur glutenfreie Zutaten. Bei Backzutaten wie Schokoladenglasur, Marzipan, Aromen, Backpulver, Gewürzen usw. unbedingt auf Glutenfreiheit achten. Sind Sie sich unsicher, konsultieren Sie die Lebensmittellisten der Zöliakie-Gesellschaft oder überprüfen Sie die Zutatenliste auf den Verpackungen.
- Die allgemeine Faustregel bei allen Rezepten ist: Zuerst alle trockenen Zutaten zusammenmischen, dann die flüssigen Zutaten hinzufügen.
- Milchprodukte im Teig wie Naturjoghurt, Buttermilch oder saure Sahne können Sie gegeneinander problemlos austauschen. Die angegebenen Milchprodukte können Sie bei Laktoseintoleranz durch laktosefreie Produkte ersetzen (siehe dazu auch Seite 8 und 9).
- Gemahlene Flohsamenschalen eignen sich sehr gut für glutenfreie Teige. Die Feuchtigkeit hält sich besser, der Teig wird geschmeidiger, lässt sich besser verarbeiten und trocknet nicht so schnell aus. Nehmen Sie auf 500 Gramm Mehl 1 Teelöffel gemahlene Flohsamenschalen.
- Kleine Mengen Maismehl in glutenfreien Backmischungen verbessern die Griffigkeit und das Aroma. Falls Sie kein Maismehl zur Hand haben, mahlen Sie einfach Maisgrieß oder Polenta in der elektrischen Kaffeemühle zu feinem Mehl.
- Für die Schale von Zitrusfrüchten bitte ausschließlich unbehandelte Bio-Früchte verwenden.

Teig allgemein

- Glutenfreie Teige sind oft klebrig. Verarbeiten Sie den Teig deshalb am besten mit einer nassen Teigkarte. Aber auch mit einem Holzlöffel oder einem elektrischen Knethaken lassen sich die Teige verrühren.
- Geben Sie Zutaten in den Teig, die Feuchtigkeit verleihen, pro 100 Gramm Mehl z. B. 1 Teelöffel Apfelfaser, mit Schale grob geraspelte Äpfel oder Flohsamenschalen.
- Teige müssen während der Quellzeit immer gut zugedeckt werden, da die Oberfläche rasch austrocknet. Gut eignet sich eine verschließbare Hefeteigschüssel. Ansonsten die Teigoberfläche mit Wasser einpinseln und mit Frischhaltefolie abdecken.
- Nach der Quellzeit sind die Teige fester als vorher. Mischen Sie im Zweifelsfall noch etwas Wasser unter.
- Damit Ihre Brote und Kuchen nicht nur lecker schmecken, sondern auch schön aussehen gibt es einen einfachen Trick: Streichen Sie den Teig mit einem nassen Esslöffel oder einer nassen Teigkarte in der Form schön glatt.
- Stechen Sie in Formen Gebackenes vor dem Backen immer mit einem Spieß bis zum Boden ein, damit sich keine Luftblasen bilden.

Mürbeteig

- Für die Zubereitung von Mürbeteig müssen die Zutaten kalt sein. Stellen Sie außerdem den fertigen Mürbeteig vor der Weiterverarbeitung ca. 1 Stunde kalt.
- Glutenfreier Mürbeteig muss, wenn Sie ihn in den Kühlschrank legen, weicher sein als der normale Mürbeteig, denn er trocknet immer nach. Sollte er nach dem Ruhen dennoch zu weich sein, kneten Sie noch etwas Mehl unter und verarbeiten ihn dann sofort weiter.
- Damit Mürbeteig beim Ausrollen nicht klebt, streuen Sie entweder etwas Mehl auf die Arbeitsfläche oder legen den Teig zwischen zwei Lagen Backpapier oder Frischhaltefolie.
- Am Besten kriegen Sie den Mürbeteig in die Form, indem Sie ihn auf einer bemehlten Silikonunterlage auslegen, die Form umgekehrt darauf legen und in 2 Zentimeter Abstand den Teig rund um die Form abschneiden. Legen Sie die Hand unter die Silikonmatte und kippen den Teig in die Form. Den Rand festdrücken und begradigen.

Hefeteig

- Verwenden Sie bei Hefeteigen bis zu doppelt so viel Hefe wie für ein herkömmliches Brot.
- Die Hefeteige kann man mit der Teigknetmaschine oder mit einem Handrührgerät verrühren. Sie gelingen aber auch mit einem Holzlöffel oder einer Gabel sehr leicht.
- Trockenhefe kann man direkt mit den trockenen Zutaten vermischen. Frische Hefe entweder mit etwas Zucker in lauwarmem Wasser auflösen, bevor sie zum Mehl gegeben wird, oder zerbröseln und direkt zum Teig geben.
- Zum Gehenlassen des Hefeteiges den Backofen auf 40 °C heizen, dann ausschalten. Das Brot in den Ofen stellen, einen Rost darüber schieben und mit einem feuchten Geschirrtuch bedecken. Vor dem Backen das Tuch wieder entfernen. Alternativ die Schüssel direkt mit einem Tuch abdecken oder mit einem Deckel verschließen.
- Sorgen Sie zu Beginn des Backens von Hefeteigen für Dampf im Ofen. Entweder indem Sie 1 Tasse Wasser in die heiße Fettpfanne gießen oder mit einer Sprühflasche Wasser in den heißen Ofen sprühen. Das Brot oder die Brötchen dann sofort in den Ofen geben. Achtung, der Dampf ist sehr heiß!

Backen

- So nicht anders angegeben wird der Backofen auf Ober- und Unterhitze vorgeheizt. Sollte Umluft für das Rezept angegeben sein, Ihr Backofen hat diese Funktion aber nicht, verwenden Sie Ober- und Unterhitze und erhöhen Sie die angegebene Temperatur um 20 °C.
- Nach Ende der Backzeit die Stäbchenprobe machen: Dazu mit einem Spieß in die Mitte des Kuchens stechen. Bleibt kein Teig mehr am Stäbchen kleben, ist der Kuchen fertig gebacken. Öffnen Sie für die Stäbchenprobe das Backrohr frühestens nach drei Viertel der Backzeit. Am besten erst dann, wenn der Kuchen optisch fertig gebacken ist. Erkennbar daran, dass der Kuchen überall gleichmäßig aufgeht, bräunt und sich ein wenig von der Form löst. Öffnen Sie das Backrohr zu früh, sackt der Teig zusammen und der Kuchen schmeckt speckig. Die Backofentür sofort nach dem Öffnen wieder schließen.
- Bei Brot können Sie auch auf den Boden des Brotes klopfen: Klingt es hohl, ist es fertig. Die Stäbchenprobe können Sie natürlich auch beim Brot anwenden.

Brot und Brötchen

- Glutenfreier Teig ist im Allgemeinen recht flüssig, daher backt man ihn am besten in Backformen wie Kasten-, Muffin- oder speziellen Brötchenformen.
- Rühren Sie den Brotteig sehr weich an. Er soll sich gerade von der Schüssel lösen. So lässt er sich noch gut formen, trocknet aber beim Backen nicht zu schnell aus. Für Brot in Brotformen darf der Teig noch weicher sein.
- Würzen Sie Ihr Brot kräftig, z. B. mit Kümmel, Fenchel, Anis, Koriander, Brotklee oder verschiedenen Kräutern.
- Ersetzen Sie im Brotteig einen Teil des Wassers durch z. B. Joghurt, Quark bzw. Topfen, Kefir oder Buttermilch.
- Brote sind saftiger, wenn Sie ein Drittel der Mehlmenge als Ganzkorn, Flocken oder Schrot hinzufügen. Die Getreidekörner müssen allerdings über Nacht eingeweicht werden. Geriebene und gehackte Nüsse, Samen, geröstete Zwiebeln, Käsewürfel oder gekochte geriebene Kartoffeln geben dem Brot zusätzlich Feuchtigkeit.
- 1 bis 2 Esslöffel Öl im Brot verleihen einen saftigen Geschmack.
- Der Teig lässt sich wunderbar formen, wenn man ihn zum Fertigkneten in eine bemehlte Frischhaltefolie wickelt.
- Jede Backform für Brot und Brötchen gründlich mit Öl einpinseln und bemehlen, damit sich das Gebäck nach dem Backen gut löst. Alternativ eine Silikonbackform verwenden.
- Pinseln Sie die Oberfläche von Brot oder Brötchen mit Öl ein, bevor Sie es in den Ofen schieben, so wird es schön knusprig. Auch kurz vor Ende der Backzeit können Sie für mehr Knusprigkeit noch mal pinseln.
- Glutenfreies Gebäck und Brot mit einem hohen Stärkeanteil trocknet sehr leicht aus. Decken Sie das Gebäck deshalb nach dem Backen sofort mit Frischhaltefolie luftdicht ab, damit es nicht austrocknet und bröselig wird.
- Glutenfreie Köstlichkeiten können Sie portionsweise und gut verpackt einfrieren, so trocknen sie nicht aus. Vor dem Verzehr die Backwaren mit Wasser bestreichen, dann aufbacken oder toasten.

Brot und Brötchen

◁ Mehrkornbrot

Ew 5,5 g | F 8,1 g   KH 67,9 g | 367 kcal   Ergibt 1 große Kastenform

400 g Mix it! Mehl
50 g Buchweizenmehl
50 g Hirseflocken
50 g Buchweizenkörner zzgl. etwas
   zum Bestreuen
50 g Sonnenblumenkerne zzgl. etwas
   zum Bestreuen
1 TL Salz
10 g Trockenhefe
2 EL Sonnenblumenöl zzgl. etwas
   zum Einpinseln
400 ml lauwarmes Wasser

Die trockenen Zutaten vermengen. Öl und Wasser dazugeben, gut verrühren. Eine Kastenform einfetten und bemehlen. Den Teig einfüllen und glatt streichen, mit etwas Öl einpinseln. Nach Belieben mit Buchweizenkörnern und Sonnenblumenkernen bestreuen, die Körner etwas andrücken. Ein Stück Frischhaltefolie mit etwas Öl einpinseln und mit der öligen Seite nach unten über die Kastenform spannen.

Den Backofen auf 230 °C Umluft vorheizen, die Fettpfanne unten hineinschieben. Den Teig an einem warmen Ort bis zum Rand der Kastenform aufgehen lassen. Die Frischhaltefolie abnehmen. Ein halbes Glas Wasser auf die Fettpfanne gießen, sodass sich Dampf bildet. Das Brot sofort im Ofen auf mittlerer Schiene 10 Minuten backen, die Temperatur auf 200 °C Umluft reduzieren und weitere 30 Minuten backen. Das fertige Brot aus der Form stürzen und auf einem Rost auskühlen lassen.

Quarkbrot

Ew 7,1 g | F 1,0 g | KH 51 g | 244 kcal   Ergibt 1 große Kastenform

400 g Mix it! Mehl
50 g Hirsekörner zzgl. etwas
   zum Bestreuen
50 g Buchweizenkörner zzgl. etwas
   zum Bestreuen
1 TL Salz
10 g Trockenhefe
250 g zimmerwarmer Quark
280 ml lauwarmes Wasser
Sonnenblumenöl zum Einpinseln

Die trockenen Zutaten vermengen. Quark und Wasser dazugeben und gut verrühren. Eine Kastenform einfetten und bemehlen. Den Teig einfüllen, die Teigoberfläche glatt streichen und mit Sonnenblumenöl einpinseln. Nach Belieben Hirse- oder Buchweizenkörner draufstreuen und ein wenig festdrücken. Ein Stück Frischhaltefolie mit Öl einpinseln und mit der öligen Seite nach unten über die Kastenform spannen.

Den Backofen auf 210 °C Umluft vorheizen, die Fettpfanne in die unterste Schiene schieben. Den Teig gehen lassen, bis er bis zum Rand der Kastenform aufgegangen ist. Die Frischhaltefolie abnehmen. Ein halbes Glas Wasser auf die Fettpfanne gießen, sodass sich Dampf bildet. Das Brot sofort im Ofen auf mittlerer Schiene etwa 40–45 Minuten backen. Das fertige Brot aus der Form stürzen und auf einem Rost auskühlen lassen.

Trudels Lieblingsbrot

Ew 8,2 g | F 6,9 g | KH 57,5 g | 341 kcal   Ergibt 1 große Kastenform (36 cm)

500 g Mix it! Mehl Dunkel
50 g Mix it! Mehl
50 g Leinsamen (geschrotet oder ganz)
100 g glutenfreie Flocken (Buchweizen-, Reis- und Hirseflocken)
50 g Sonnenblumenkerne oder gehackte Walnüsse
1 TL Salz
15 g Trockenhefe oder 35 g frische Hefe
1 TL Zucker
660 ml lauwarmes Wasser
1 EL Apfelessig
1 EL Rapsöl zzgl. etwas zum Einpinseln

Mehl, Leinsamen, Flocken, Sonnenblumenkerne und Salz mischen. In die Mitte eine Mulde drücken, Hefe, Zucker und ein Drittel des Wassers in die Vertiefung geben, etwa 10 Minuten ruhen lassen, bis die Mischung Blasen wirft. Die restliche Flüssigkeit, Essig und Öl dazugeben und zu einem zähen Teig kneten.

Den Backofen auf 45 °C vorheizen. Eine Kastenform einfetten und bemehlen. Den Teig einfüllen und glatt streichen. Ein feuchtes Geschirrtuch auf den Rost legen und oberhalb der Schüssel in den Ofen schieben. Den Teig 30–40 Minuten gehen lassen. Tuch und Brot aus dem Ofen nehmen. Den Backofen auf 230 °C vorheizen. Das Brot im Ofen auf mittlerer Schiene 10 Minuten backen. Mit der Sprühflasche Wasser in den heißen Ofen sprühen, die Temperatur auf 200 °C reduzieren und das Brot in 50 Minuten zu Ende backen. Für eine kräftigere Bräunung 10 Minuten vor Ende der Backzeit die Kruste mit Öl einpinseln. Das fertige Brot aus der Form stürzen und auf einem Rost auskühlen lassen.

TIPP: Wer einen Ultra von Tupper (3 Liter) besitzt, kann das Brot darin backen.

Haselnussbrot

Ew 6,6 g | F 22,9 g | KH 54,5 g | 451 kcal   Ergibt 1 große Kastenform

400 g Mix it! Mehl
100 g gemahlene Haselnüsse
100 g ganze Haselnüsse
1 TL Salz
10 g Trockenhefe
1 EL Sonnenblumenöl
360 ml lauwarmes Wasser

VARIANTE

350 g Mix it! Mehl Dunkel
100 g gemahlene Walnüsse
100 g ganze Walnüsse
1 TL Salz
10 g Trockenhefe
1 EL Sonnenblumenöl
420 ml lauwarmes Wasser

Die trockenen Zutaten vermengen. Öl und Wasser dazugeben und gut verrühren. Eine Kastenform einfetten und bemehlen. Den Teig einfüllen und glatt streichen, mit etwas Öl einpinseln. Ein Stück Frischhaltefolie mit etwas Öl einpinseln und mit der öligen Seite nach unten über die Kastenform spannen.

Den Backofen auf 230 °C Umluft vorheizen, die Fettpfanne unten hineinschieben. Den Teig an einem warmen Ort bis zum Rand der Kastenform aufgehen lassen. Die Frischhaltefolie abnehmen. Ein halbes Glas Wasser auf die Fettpfanne gießen, sodass sich Dampf bildet.

Das Brot im Ofen auf mittlerer Schiene 10 Minuten backen, die Temperatur auf 200 °C Umluft reduzieren und das Brot weitere 30 Minuten backen. Für eine kräftigere Bräunung das Brot 10 Minuten vor Backende mit Öl einpinseln. Das fertige Brot aus der Form stürzen und auf einem Rost auskühlen lassen.

Die Vollkornvariante 5–10 Minuten länger backen.

Sesam-Leinsamen-Brot

Ew 5,3 g | F 9,1 g | KH 70,1 g | 385 kcal
Ergibt 1 große Kastenform

500 g Mix it! Mehl
40 g Sesam zzgl. etwas zum Bestreuen
30 g Leinsamen zzgl. etwas zum Bestreuen
1 TL Salz
10 g Trockenhefe
2 EL Sonnenblumenöl
400 g lauwarmes Wasser

VARIANTE

440 g Mix it! Mehl
60 g Hirsemeh
50 g Sonnenblumenkerne zzgl. etwas zum Bestreuen
1 TL Salz
10 g Trockenhefe
2 EL Sonnenblumenöl
400 g lauwarmes Wasser

Die trockenen Zutaten vermengen. Öl und Wasser dazugeben, gut verrühren. Eine Kastenform einfetten und bemehlen. Den Teig einfüllen und glatt streichen, mit etwas Öl einpinseln. Nach Belieben mit Sesam und Leinsamen bestreuen, die Körner etwas andrücken. Ein Stück Frischhaltefolie mit etwas Öl einpinseln und mit der öligen Seite nach unten über die Kastenform spannen.

Den Backofen auf 230 °C Umluft vorheizen, die Fettpfanne unten hineinschieben. Den Teig an einem warmen Ort bis zum Rand der Kastenform aufgehen lassen. Die Frischhaltefolie abnehmen. Ein halbes Glas Wasser auf die Fettpfanne gießen, sodass sich Dampf bildet. Das Brot sofort im Ofen auf mittlerer Schiene 10 Minuten backen, die Temperatur auf 200 °C Umluft reduzieren und das Brot weitere 30 Minuten backen. Für eine kräftigere Bräunung das Brot 10 Minuten vor Backende mit Öl einpinseln. Das fertige Brot aus der Form stürzen und auf einem Rost auskühlen lassen.

Dunkles Gewürzbrot

Ew 5,8 g | F 2,8 g | KH 61,1 g | 318 kcal   Ergibt 1 große Kastenform

400 g Mix it! Mehl Dunkel
2 TL Gewürzmischung (z. B. Fenchel, Anis, Kümmel, Koriander)
1 gehäufter TL Salz
10 g Trockenhefe
1 EL Sonnenblumenöl
520 ml lauwarmes Wasser

Die trockenen Zutaten vermengen. Öl und Wasser dazugeben und gut verrühren. Eine Kastenform einfetten und bemehlen. Den Teig einfüllen und glatt streichen, mit etwas Öl einpinseln. Ein Stück Frischhaltefolie mit etwas Öl einpinseln und mit der öligen Seite nach unten über die Kastenform spannen.

Den Backofen auf 230 °C Umluft vorheizen, die Fettpfanne unten hineinschieben.

Den Teig an einem warmen Ort bis zum Rand der Kastenform aufgehen lassen.

Die Frischhaltefolie abnehmen. Ein halbes Glas Wasser auf die Fettpfanne gießen, sodass sich Dampf bildet.

Das Brot sofort im Ofen auf mittlerer Schiene 15 Minuten backen, die Temperatur auf 200 °C Umluft reduzieren und das Brot weitere 30 Minuten backen. Für eine kräftigere Bräunung das Brot 10 Minuten vor Backende mit Öl einpinseln. Das fertige Brot aus der Form stürzen und auf einem Rost auskühlen lassen.

TIPP: Das Gewürzbrot kann auch mit dem hellen Mix it! Mehl zubereitet werden. Dafür 500 Gramm Mehl einwiegen, etwas weniger Salz verwenden und 400 Milliliter lauwarmes Wasser nehmen, die restlichen Zutaten und die Zubereitung wie oben beschrieben.

Dunkle Fladen

Ew 4,4 g | F 6,2 g | KH 68,5 g | 361 kcal

Ergibt 6 Fladen

250 g Mix it! Mehl

250 g Mix it! Mehl Dunkel

1 TL Salz

2 TL Backpulver

8 g Trockenhefe

½ TL Zucker

420 ml lauwarmes Wasser

3 EL Olivenöl

schwarzer Kümmel zum Bestreuen

Mehl, Salz und Backpulver mischen, in die Mitte eine Mulde drücken. Hefe, Zucker und 50 Milliliter des Wassers hineingeben, etwa 10 Minuten ruhen lassen, bis die Mischung Blasen wirft. Das restliche Wasser und das Öl dazugeben und zu einem geschmeidigen Teig kneten. Die Schüssel mit einem feuchten Tuch abdecken, den Teig 15 Minuten ruhen lassen. Den Backofen auf 250 °C vorheizen, die Fettpfanne unten hineinschieben. Den Teig in sechs gleich schwere Stücke teilen, mit nassen Händen zu Fladen formen und auf ein oder zwei mit Backpapier ausgelegte Backbleche geben. Die Fladen mit schwarzem Kümmel bestreuen, andrücken und weitere 10 Minuten gehen lassen. Eine Tasse Wasser auf die Fettpfanne gießen, sodass sich Dampf bildet. Die Fladen sofort im Ofen auf mittlerer Schiene 15–18 Minuten backen. Die Fladen noch warm servieren.

Maisbrot

Ew 6,1 g | F 5,8 g | KH 74,3 g | 370 kcal

Ergibt 1 großen Brotlaib

200 g feiner Maisgrieß (Polenta)

1 TL Salz

400 ml kochendes Wasser

150 g Mix it! Mehl

100 g Mix it! Mehl Dunkel

24 g Backpulver

2 EL Olivenöl

evtl. etwas Wasser

Den Backofen auf 200 °C Umluft vorheizen, die Fettpfanne unten hineinschieben. Maisgrieß und Salz mischen, mit kochendem Wasser gut vermengen, etwa 10 Minuten abkühlen lassen. Beide Mehle mit Backpulver mischen und zum Maisbrei geben, Olivenöl dazugeben und zu einem homogenen Teig verkneten. Sollte er zu trocken sein (abhängig von der Wasserbindefähigkeit des Maisgrießes), tropfenweise Wasser zugeben. Der Teig hat die richtige Konsistenz, wenn er mit den Händen geknetet werden kann.

Einen Laib in gewünschte Form bringen, mit einem scharfen Messer einige Male einschneiden und mit Olivenöl einpinseln. Ein halbes Glas Wasser auf die Fettpfanne gießen, sodass sich Dampf bildet. Das Brot sofort im Ofen auf mittlerer Schiene 50 Minuten backen. Das fertige Brot auf einem Rost auskühlen lassen.

Ballaststoffbombe

Ew 8,7 g | F 9,6 g | KH 56,0 g | 349 kcal   Ergibt 1 große Kastenform

300 g Mix it! Mehl Dunkel
80 g Teffmehl
40 g Kichererbsenmehl
40 g Erdmandelflocken
30 g Sojaflocken
20 g gekeimte Braunhirse zzgl. etwas zum Bestreuen
20 g Buchweizenkörner zzgl. etwas zum Bestreuen
20 g Leinsamen zzgl. etwas zum Bestreuen
4 TL gemahlene Flohsamenschalen
2 TL Salz
10 g Trockenhefe
1 EL Obstessig
2 EL Sonnenblumenöl zzgl. etwas zum Einpinseln
560 ml lauwarmes Wasser

Die trockenen Zutaten vermengen. Essig, Öl und Wasser dazugeben, gut verrühren. Eine Kastenform einfetten und bemehlen. Den Teig einfüllen und glatt streichen. Nach Belieben mit Braunhirse oder anderen Körnern bestreuen, die Körner etwas andrücken. Ein Stück Frischhaltefolie mit etwas Öl einpinseln und mit der öligen Seite nach unten über die Kastenform spannen.

Den Backofen auf 230 °C Umluft vorheizen, die Fettpfanne unten hineinschieben. Den Teig an einem warmen Ort bis zum Rand der Kastenform aufgehen lassen. Die Frischhaltefolie abnehmen. Ein halbes Glas Wasser auf die Fettpfanne gießen, sodass sich Dampf bildet. Das Brot sofort im Ofen auf mittlerer Schiene 10 Minuten backen, die Temperatur auf 200 °C Umluft reduzieren und das Brot weitere 40 Minuten backen. Das fertige Brot aus der Form stürzen und auf einem Rost auskühlen lassen.

Sojaschrotbrot

Ew 11,0 g | F 6,5 g | KH 67,5 g | 378 kcal

Ergibt 1 große Kastenform

400 g Mix it! Mehl Dunkel
120 g Sojaschrot zzgl. etwas zum Bestreuen
1 gehäufter TL Salz
15 g Trockenhefe
1 EL Sonnenblumenöl
530 ml lauwarmes Wasser
evtl. Sesam zum Bestreuen

Die trockenen Zutaten vermengen. Öl und Wasser dazugeben und gut verrühren. Eine Kastenform einfetten und bemehlen. Den Teig einfüllen und glatt streichen, mit etwas Öl einpinseln. Nach Belieben mit Sojaschrot oder Sesam bestreuen und ein wenig festdrücken. Ein Stück Frischhaltefolie mit etwas Öl einpinseln und mit der öligen Seite nach unten über die Kastenform spannen.
Den Backofen auf 230 °C Umluft vorheizen, die Fettpfanne in die unterste Schiene schieben. Den Teig an einem warmen Ort bis zum Rand der Kastenform aufgehen lassen.
Die Frischhaltefolie abnehmen. Ein halbes Glas Wasser auf die Fettpfanne gießen, sodass sich Dampf bildet. Das Brot sofort im Ofen auf mittlerer Schiene 15 Minuten backen, die Temperatur auf 200 °C Umluft reduzieren und das Brot weitere 30 Minuten backen. Das fertige Brot aus der Form stürzen und auf einem Rost auskühlen lassen.

Zucchini-Partybrötchen ▷

Ew 4,2 g | F 3,9 g | KH 43,0 g | 224 kcal

Ergibt 2 Partysonnen à 5 Brötchen

400 g Zucchini
50 g Parmesankäse
2 EL Olivenöl
1 TL Salz
½ TL frisch gemahlener Pfeffer
500 g Mix it! Mehl
16 g Backpulver
60 ml Wasser

Den Backofen auf 200 °C (oder 180 °C Umluft) vorheizen. Die Zucchini raspeln, den Parmesan reiben. Zucchini, Parmesan, Öl, Salz und Pfeffer vermengen. Mehl und Backpulver mischen, dazugeben, erneut vermengen. Das Wasser zugeben und schnell verrühren. Den Teig in zehn etwa gleich schwere Stücke teilen, zu Kugeln formen (ist der Teig zu klebrig, etwas Mehl auf die Hände geben) und je fünf Kugeln auf ein mit Backpapier ausgelegtes Backblech zu einem Kreis zusammensetzen.
Die Brötchen im Ofen auf mittlerer Schiene 25 Minuten backen, nach 15 Minuten mit Olivenöl einpinseln und zu Ende backen. Die fertigen Brötchen auf einem Rost auskühlen lassen.

Mohnbrötchen △

Ew 4,8 g | F 34,2 g | KH 76,0 g | 349 kcal   Ergibt 12 Brötchen

360 g Mix it! Mehl
½ TL Salz
12 g Trockenhefe
1 EL Sonnenblumenöl
280 ml lauwarmes Wasser
Mohn zum Bestreuen

Die trockenen Zutaten vermengen, Öl und Wasser dazugeben und zu einem homogenen Teig verrühren. Eine 12er Muffinform einfetten und bemehlen. Den Teig gleichmäßig in die Muffinform füllen, glatt streichen und mit etwas Öl einpinseln. Dicht mit Mohn bestreuen und den Mohn etwas andrücken. Ein Stück Frischhaltefolie mit etwas Öl einpinseln und mit der öligen Seite nach unten über die Form spannen.

Den Backofen auf 200 °C Umluft vorheizen, die Fettpfanne unten hineinschieben. Die Brötchen an einem warmen Ort auf etwa das Doppelte aufgehen lassen. Die Frischhaltefolie abnehmen. Ein halbes Glas Wasser auf die Fettpfanne gießen, sodass sich Dampf bildet. Die Brötchen sofort im Ofen auf mittlerer Schiene etwa 12 Minuten backen, für eine kräftigere Bräunung 5 Minuten vor Ende der Backzeit mit Öl betupfen. Die fertigen Brötchen aus der Form lösen und auf einem Rost auskühlen lassen.

◁ Müslibrötchen

Ew 5,1 g | F 8,2 g | KH 70,8 g | 374 kcal   Ergibt 10 Brötchen

60 g Rosinen oder andere Trockenfrüchte

20 g gehackte Haselnüsse oder Mandelsplitter

300 g Mix it! Mehl oder

200 g Mix it! Mehl Dunkel

je 10 g Sesam, Leinsamen und Sonnenblumenkerne

½ TL Salz

12 g Trockenhefe

½ EL Sonnenblumenöl zzgl. etwas zum Einpinseln

200 ml lauwarmes Wasser

Hirseflocken, Sesam, Leinsamen zum Bestreuen

Die Trockenfrüchte gegebenenfalls klein schneiden. Die Nüsse ohne Fett in einer beschichteten Pfanne anrösten. Die trockenen Zutaten vermengen. Öl und Wasser dazugeben und gut verrühren. Den Teig kurz mit bemehlten Händen durchkneten und in zehn etwa gleich schwere Stücke teilen und zu etwas länglichen Brötchen formen. Auf ein mit Backpapier ausgelegtes Backblech geben, mit etwas Öl einpinseln und mit einem Messer schräg einschneiden. Nach Belieben mit Hirseflocken, Sesam, Leinsamen oder etwas Mehl bestreuen und leicht andrücken. Ein Stück Frischhaltefolie mit etwas Öl einpinseln und mit der öligen Seite nach unten über die Brötchen spannen. Den Backofen auf 210 °C Umluft vorheizen, die Fettpfanne unten hineinschieben. Die Brötchen an einem warmen Ort auf etwa das Doppelte aufgehen lassen. Die Frischhaltefolie abnehmen. Ein halbes Glas Wasser auf die Fettpfanne gießen, sodass sich Dampf bildet. Die Brötchen sofort im Ofen auf mittlerer Schiene 12–15 Minuten backen, für eine kräftigere Bräunung 5 Minuten vor Ende der Backzeit mit Öl einpinseln. Die fertigen Brötchen auf einem Rost auskühlen lassen.

Walnussbrötchen

Ew 5,8 g | F 12,1 g | KH 65,5 g | 395 kcal   Ergibt 6 Brötchen

300 g Mix it! Mehl
60 g Walnusskerne, gehackt
½ TL Salz
18 g frische Hefe
180 ml lauwarmes Wasser
5 EL Sonnenblumenöl zzgl. etwas zum Einpinseln

Die trockenen Zutaten vermengen. Die frische Hefe im lauwarmen Wasser auflösen, mit dem Öl zu den trockenen Zutaten geben und gut verrühren. Den Teig kurz mit den Händen durchkneten, in sechs etwa gleich schwere Stücke teilen und zu Kugeln formen. Auf ein mit Backpapier ausgelegtes Backblech geben, mit etwas Öl einpinseln. Ein Stück Frischhaltefolie mit etwas Öl einpinseln und mit der öligen Seite nach unten über die Brötchen spannen.

Den Backofen auf 230 °C Umluft vorheizen, die Fettpfanne unten hineinschieben. Die Brötchen an einem warmen Ort auf etwa das Doppelte aufgehen lassen. Die Frischhaltefolie abnehmen. Ein halbes Glas Wasser auf die Fettpfanne gießen, sodass sich Dampf bildet. Die Brötchen sofort im Ofen auf mittlerer Schiene 10 Minuten backen, die Temperatur auf 180 °C reduzieren und weitere 20 Minuten backen. Für eine kräftigere Bräunung die Brötchen 10 Minuten vor Backende nochmals mit Öl einpinseln. Die fertigen Brötchen auf einem Rost auskühlen lassen.

TIPP: Aus demselben Teig kann man auch leckere Olivenbrötchen backen. Statt der Walnusskerne 30 Gramm gehackte Oliven in den Teig geben und statt Sonnenblumenöl Olivenöl verwenden.

Vollkornbrötchen

Ew 8,1 g | F 7,2 g | KH 57,5 g | 343 kcal   Ergibt 12 kleine Brötchen

200 g Mix it! Mehl Dunkel
15 g Hirsemehl
20 g Buchweizenmehl
20 g Quinoamehl
20 g Amaranthmehl
15 g Hirsekörner zzgl. etwas zum Bestreuen
15 g Buchweizenkörner zzgl. etwas zum Bestreuen
20 g Sonnenblumenkerne zzgl. etwas zum Bestreuen
1 TL Salz
10 g Trockenhefe
1 EL Sonnenblumenöl zzgl. etwas zum Einpinseln
340 ml lauwarmes Wasser

Die trockenen Zutaten vermengen. Öl und Wasser dazugeben und gut verrühren. Eine 12er Muffinform einfetten und bemehlen. Den Teig gleichmäßig in die Muffinform füllen, glatt streichen und mit etwas Öl einpinseln. Nach Belieben mit Körnern bestreuen und andrücken. Ein Stück Frischhaltefolie mit etwas Öl einpinseln und mit der öligen Seite nach unten über die Brötchen spannen.

Den Backofen auf 200 °C Umluft vorheizen, die Fettpfanne unten hineinschieben. Die Brötchen an einem warmen Ort auf etwa das Doppelte aufgehen lassen. Die Frischhaltefolie abnehmen. Ein halbes Glas Wasser auf die Fettpfanne gießen, sodass sich Dampf bildet. Die Brötchen sofort im Ofen auf mittlerer Schiene etwa 15–20 Minuten backen, für eine kräftigere Bräunung 5 Minuten vor Ende der Backzeit mit Öl einpinseln. Die fertigen Brötchen einige Minuten abkühlen lassen, dann aus der Form lösen und auf einem Rost auskühlen lassen.

TIPP: Die Vollkornbrötchen kann man auch mit hellem Mix it! Mehl backen. Dazu 220 Gramm Mix it! Mehl, etwas weniger Salz und 240 Milliliter Wasser verwenden. Die übrigen Zutaten und die Zubereitung bleiben gleich, lediglich die Backzeit verkürzt sich um 3–5 Minuten.

Dunkle Kürbiskernbrötchen mit Joghurt

Ew 8,2 g | F 5,6 g | KH 44,7 g | 222 kcal   Ergibt 12 kleine Brötchen

40 g Kürbiskerne
250 g Mix it! Mehl Dunkel
1 TL Salz
10 g Trockenhefe
80 g zimmerwarmer Naturjoghurt
320 ml lauwarmes Wasser

Die Kürbiskerne grob hacken. Die trockenen Zutaten vermengen, Joghurt und Wasser zugeben und gut verrühren. Eine 12er Muffinform einfetten und bemehlen. Den Teig gleichmäßig in die Muffinform füllen, glatt streichen und mit etwas Öl einpinseln. Nach Belieben mit gehackten oder ganzen Kürbiskernen bestreuen und diese gut andrücken. Ein Stück Frischhaltefolie mit etwas Öl einpinseln und mit der öligen Seite nach unten über die Brötchen spannen.

Den Backofen auf 200 °C Umluft vorheizen, die Fettpfanne unten hineinschieben. Die Brötchen an einem warmen Ort auf etwa das Doppelte aufgehen lassen. Die Frischhaltefolie abnehmen. Ein halbes Glas Wasser auf die Fettpfanne gießen, sodass sich Dampf bildet. Die Brötchen sofort im Ofen auf mittlerer Schiene etwa 15–20 Minuten backen, für eine kräftigere Bräunung 5 Minuten vor Ende der Backzeit mit Öl einpinseln. Die fertigen Brötchen einige Minuten abkühlen lassen, dann aus der Form lösen und auf einem Rost auskühlen lassen.

VARIANTE: Für eine Variante mit hellem Mehl 300 Gramm Mix it! Mehl einwiegen, etwas weniger Salz verwenden und 200 Milliliter Wasser nehmen. Die übrigen Zutaten und die Zubereitung bleiben gleich, lediglich die Backzeit verkürzt sich um 3–5 Minuten.

TIPP: Für größere Brötchen noch etwas dunkles Mehl unter einen Teil des Teigs kneten, bis sich von Hand Teigkugeln formen lassen. Mit dem restlichen Teig ebenso verfahren. Auf ein mit Backpapier ausgelegtes Backblech geben und je nach Größe der Brötchen die Backzeit verlängern.

Käsebrötchen △

Ew 6,9 g | F 5,0 g | KH 28,0 g | 193 kcal   Ergibt 20 kleine Brötchen

60 g Bergkäse
250 g Naturjoghurt
1 TL Kräutersalz
220 g Mix it! Mehl Dunkel
16 g Weinsteinbackpulver
2–3 EL Wasser

Den Backofen auf 200 °C vorheizen (Umluft 175 °C). Den Bergkäse würfeln, mit dem Joghurt und dem Salz in eine Schüssel geben. Mehl und Backpulver mischen, in die Schüssel geben, 2 Esslöffel Wasser dazugeben und alles schnell zu einem Teig verrühren. Der Teig sollte nicht zu fest sein, gegebenenfalls noch mehr Wasser unterrühren. Je kürzer Sie rühren, desto fluffiger werden die Brötchen. Mit einem Löffel schlampige Häufchen auf ein mit Backpapier ausgelegtes Backblech setzen. Je schlampiger, desto knuspriger. Die Häufchen also auf keinen Fall glatt streichen. Ist der Teig zu weich, entstehen keine Häufchen, sondern flache Fladen, die nicht zu schönen Brötchen aufgehen, sondern flach bleiben und zu fest werden. Im Ofen auf unterster Schiene etwa 20 Minuten backen. Der Teig soll ab dem Zeitpunkt des Zusammenrührens innerhalb von 5 Minuten im Backofen sein, da sonst das Backpulver die Wirkung verliert und die Brötchen nicht mehr so schön aufgehen.

Pusztabaguettes

Ew 10,2 g | F 2,9 g | KH 42,4 g | 244 kcal   Ergibt 3 Baguettes

100 g Speck
1 große Zwiebel
2 Knoblauchzehen
15 g Trockenhefe
½ TL Zucker
380 ml lauwarmes Wasser
450 g Mix it! Mehl Dunkel
100 g Polenta zzgl. etwas zum Bemehlen
je 2 TL Salz, Pfeffer und frisch gemahlener Koriander
1 TL edelsüßes Paprikapulver
200 g Quark

Den Speck in kleine Würfel schneiden und in einer beschichteten Pfanne ohne Fett auslassen. Zwiebel und Knoblauch fein hacken. Speckwürfel aus der Pfanne nehmen, Zwiebel und Knoblauch in das verbliebene Fett geben und leicht anbraten. Zu den Speckwürfeln geben, vermengen und abkühlen lassen.

Trockenhefe, Zucker und 120 Milliliter des Wassers verrühren und an einem warmen Ort zugedeckt etwa 10 Minuten gehen lassen, bis sich Blasen bilden. Mehl, Polenta und die Gewürze mischen, Speck-Zwiebel-Knoblauch-Mischung sowie die Hefe-Wasser-Mischung zugeben. Zusammen mit dem Quark und dem restlichen Wasser zu einem homogenen Teig verrühren. Teig in drei etwa gleich schwere Stücke teilen, mit bemehlten Händen zu einer Kugel formen und aus diesen Baguettes formen.

Die Baguettes in Polenta wälzen, mit einem scharfen Messer mehrmals schräg einschneiden und auf ein mit Backpapier ausgelegtes Backblech geben. Ein Stück Frischhaltefolie mit etwas Öl einpinseln und mit der öligen Seite nach unten über die Baguettes spannen.

Den Backofen auf 200 °C Umluft vorheizen, die Fettpfanne unten hineinschieben. Die Baguettes an einem warmen Ort deutlich aufgehen lassen. Die Frischhaltefolie abnehmen. Ein halbes Glas Wasser auf die Fettpfanne gießen, sodass sich Dampf bildet. Die Baguettes sofort im Ofen auf mittlerer Schiene 20–25 Minuten backen. Die fertigen Baguettes auf einem Rost auskühlen lassen.

TIPP: Die Pusztabaguettes lassen sich auch mit Backpulver zubereiten. Dafür den Backofen gleich vorheizen. Statt der Trockenhefe-Zucker-Wasser-Mischung einfach der Mehl-Polenta-Gewürzmischung 18 Gramm Backpulver zugeben und gut vermischen. Ansonsten wie oben beschrieben verfahren, die Wassermenge komplett dazugeben. Die Baguettes ohne Gehzeit sofort backen.

Körnerbrötchen

Ew 6,8 g | F 9,0 g | KH 60,6 g | 357 kcal   Ergibt 10 Brötchen

250 g Mix it! Mehl Dunkel
220 g Mix it! Mehl
1 TL gemahlene Flohsamenschalen
30 g geschroteten Leinsamen
20 g Sesam
20 g Sonnenblumenkerne
1 ½ TL Salz
8 g Trockenhefe oder
   20 g frische Hefe
½ TL Zucker
400 ml lauwarmes Wasser
1 EL Obstessig
2 EL Rapsöl

Die trockenen Zutaten vermengen. In die Mitte eine Mulde drücken, Hefe (frische Hefe zerbröseln), Zucker und ein Drittel des Wassers in die Vertiefung geben, etwa 10 Minuten ruhen lassen, bis die Mischung Blasen wirft. Das restliche Wasser, Essig und Öl dazugeben und zu einem geschmeidigen Teig kneten, der sich gut vom Schüsselboden löst.

Den Backofen auf 45 °C vorheizen. Auf einer bemehlten Unterlage den Teig zu einer Rolle formen, in zehn gleich schwere Stücke teilen und mit nassen Händen zu länglichen Brötchen formen. Auf ein mit Backpapier ausgelegtes Backblech geben und mit einem nassen Messer schräg einschneiden.

Den Rost über das Blech in den Ofen schieben und mit einem feuchten Tuch bedecken, die Brötchen 15 Minuten im Ofen gehen lassen. Herausnehmen, den Backofen auf 250 °C vorheizen, die Fettpfanne unten hineinschieben, ein halbes Glas Wasser auf die Fettpfanne gießen, sodass sich Dampf bildet. Die Brötchen sofort im Ofen auf mittlerer Schiene ca. 18 Min. backen. Für eine kräftigere Bräunung die Brötchen 3 Minuten vor Ende der Backzeit mit Öl bestreichen.

Waffeln als Brotersatz

Ew 4,6 g | F 0,9 g | KH 71,1 g | 332 kcal   Ergibt 2 Waffeln

- je 50 g Mix it! Mehl und Mix it! Mehl Dunkel
- 1 Prise Salz
- 1 TL Trockenhefe oder ½ TL Backpulver
- 200 ml zimmerwarmes, kohlensäurehaltiges Mineralwasser

Mehl, Salz und Hefe mischen. Mineralwasser dazugeben und zu einem zähflüssigen Teig verrühren, 20 Minuten ruhen lassen, bis die Mischung Blasen wirft. Verwenden Sie Backpulver, lassen Sie den Teig 10 Minuten ruhen. Das Waffeleisen vorheizen, einfetten und zwei Waffeln zubereiten. Die Waffeln schmecken sowohl mit herzhaften als auch mit süßen Belägen.

TIPP: Sie können auch Kräuter oder Parmesan zum Teig geben. Der Teig lässt sich auch in einer beschichteten Pfanne zubereiten. Die Waffeln eignen sich außerdem zum Einfrieren und können im Toaster aufgebacken werden.

Kuchen, Muffins und Co.

Zwetschgendatschi

Ew 2,3 g | F 3,2 g | KH 25,0 g | 136 kcal   Ergibt 1 Backblech

30 g frische Hefe
210 ml lauwarme Milch
75 g Zucker
360 g Mix it! Mehl
120 g Mix it! Mehl Dunkel
1 Prise Salz
3 Eier
60 g weiche Butter
ca. 1,5 kg reife Zwetschgen
2–3 EL Johannisbeergelee

Den Backofen auf 40 °C Umluft vorheizen. Die Hefe in ein Schüsselchen bröseln, die lauwarme Milch und 30 Gramm des Zuckers hinzufügen und verrühren. Helles und dunkles Mehl, den restlichen Zucker und das Salz in eine zweite Schüssel geben und vermischen. Die Butter in kleinen Stücken und die Eier jeweils in einem Gefäß bereitstellen. Den Backofen wieder ausschalten.

Das Hefe- und das Mehlgemisch, die Butter und die Eier in den Backofen stellen und 5 Minuten erwärmen. Alle Zutaten wieder herausnehmen und zu einem homogenen Teig verkneten.

Diesen zurück in den warmen Backofen stellen, dabei entweder die Schüssel mit einem Deckel verschließen oder aber ein feuchtes Geschirrtuch auf den Rost legen und oberhalb der Schüssel in den Backofen schieben. Den Teig etwa 30 Minuten gehen lassen, bis sein Volumen sichtbar gewachsen ist.

Währenddessen die Zwetschgen entsteinen und vierteln. Ein Backblech mit Butter einfetten. Den Hefeteig aufs Blech geben, eine Frischhaltefolie darüberlegen und den Teig zunächst mit den Händen etwas flach drücken. Dann mit dem Nudelholz gleichmäßig auf dem Blech verteilen und mit den Fingern in die Ecken drücken. Die Folie wieder entfernen.

Den Backofen auf 175 °C Umluft vorheizen. Den Teig auf dem Blech an einem warmen Ort erneut gehen lassen, bis er sich sichtbar vergrößert hat (etwa 10–15 Minuten). Nun die Zwetschgenviertel dicht an dicht auf den Hefeteig legen. Den Kuchen im Ofen auf mittlerer Schiene 20–25 Minuten backen, bis der Hefeteig durchgebacken ist. Den Kuchen aus dem Ofen nehmen und auf einem Rost auskühlen lassen. Das Johannisbeergelee kurz aufkochen und mit einem Backpinsel dünn über die Zwetschgen streichen. So bekommt der Datschi noch einen Hauch Süße und die Zwetschgen erhalten einen appetitlichen Glanz.

TIPP: Dazu passt hervorragend geschlagene Sahne mit einem Hauch Zimt und Zucker.

Kuchen, Muffins und Co.

Gedeckter Apfelkuchen

Ew 1,1 g | F 9,1 g | KH 27,7 g | 198 kcal   Ergibt 1 Backblech

440 g Mix it! Mehl
12 g Backpulver
120 g Zucker
1 Pck. Vanillezucker
1 Ei
250 g kalte Butter zzgl. etwas zum Einfetten
ca. 1,5 kg säuerliche Äpfel
Saft von 1 Zitrone
Rosinen, Pinienkerne, Nelkenpulver, Zimt und Zucker nach Geschmack
1 Eidotter
Puderzucker zum Bestreuen

Mehl, Backpulver, Zucker und Vanillezucker mischen, in die Mitte eine Mulde drücken. Das Ei hineingeben, die Butter in Stückchen rundherum verteilen und mit den Händen zügig zu einem geschmeidigen Mürbeteig verkneten. Den Teig zu einer Kugel formen, diese in Frischhaltefolie wickeln und im Kühlschrank etwa 30 Minuten kalt stellen.

Äpfel schälen, entkernen und entweder blättrig hobeln oder in mundgerechte Stückchen schneiden. Mit Zitronensaft beträufeln und nach Geschmack mit Rosinen, Pinienkernen, Gewürzen und Zucker abschmecken.

Den Backofen auf 180 °C vorheizen, das Backblech einfetten. Den Mürbeteig aus der Folie nehmen und halbieren. Die eine Hälfte dritteln, jedes Drittel zwischen zwei Lagen Frischhaltefolie zu einem Rechteck ausrollen. Es sollte die Länge des Backblechs, aber nur ein Drittel der Breite haben. Die Folie abziehen, die Teigplatte vorsichtig über das Nudelholz aufrollen und im Backblech wieder abrollen, sodass der Teig sofort an der richtigen Stelle platziert ist. Mit den anderen beiden Dritteln ebenso verfahren, die Nahtstellen des Teiges mit den Fingern zusammendrücken und den Rand gleichmäßig abschließen. Die Äpfel auf dem Teig verteilen.

Mit der zweiten Hälfte des Mürbeteiges wie oben beschrieben verfahren und direkt auf den Äpfeln platzieren. Die Nahtstellen vorsichtig zusammendrücken. Den Kuchen mit einem Eidotter bestreichen, mit einer Gabel mehrere Male einstechen und im Ofen auf mittlerer Schiene 30–40 Minuten goldbraun backen. Den Kuchen aus dem Ofen nehmen und auf einem Rost auskühlen lassen. Mit Puderzucker bestreuen und servieren.

Kuchen, Muffins und Co.

Birnenkuchen mit Schmand-Quark-Guss

Ew 4,9 g | F 10,6 g | KH 24,5 g | 211 kcal   Ergibt 1 Kuchen

200 g Mix it! Mehl
60 g Zucker
80 g Butter zzgl. etwas zum Einfetten
50 g Marzipanrohmasse
1 Ei
2 EL Milch
6 Birnen
200 g Magerquark
200 g Schmand (oder Crème fraîche)
80 g Zucker
30 g geschälte gemahlene Mandeln
3 Tropfen Bittermandelaroma
1 EL Maisstärke
2 Eier
1 Prise Salz

Mehl, Zucker, Butter, Marzipanrohmasse, Ei und Milch zügig zu einem Mürbeteig verkneten. Den Teig zu einer Kugel formen, diese in Frischhaltefolie wickeln und im Kühlschrank etwa 30 Minuten kalt stellen. Den Teig ausrollen, den Boden einer gefettete Springform (Durchmesser 26 Zentimeter) damit auslegen. Überstehenden Teig abschneiden, zu einer Rolle formen und daraus einen ca. 3 Zentimeter hohen Rand in die Springform setzen.

Den Backofen auf 180 °C Umluft vorheizen. Die Birnen schälen, halbieren, das Kerngehäuse entfernen und mit der Schnittfläche nach unten auf dem Mürbeteigboden verteilen.

Quark, Schmand, Zucker, Mandeln, Bittermandelaroma und Maisstärke verrühren. Die Eier trennen, das Eigelb zu der Quarkmasse geben und unterrühren. Das Eiweiß mit dem Salz steif schlagen und locker unter die Quarkmasse heben. Die Masse über den Birnen verteilen und glatt streichen.

Den Kuchen im Ofen auf mittlerer Schiene 1 Stunde backen. Gegen Ende der Backzeit aufpassen, dass der Kuchen nicht zu dunkel wird, gegebenenfalls mit Backpapier abdecken oder etwas eher aus dem Ofen nehmen. Den Kuchen auf einem Rost auskühlen lassen.

TIPP: Nehmen Sie statt der Birnen zur Abwechslung säuerliche Äpfel wie Boskop. Dann mit abgeriebener Zitronenschale statt Bittermandelaroma abschmecken.

Mai 2016: Variante m. Pfirsichen (Dose)

Donauwelle

Ew 3,6 g | F 13,1 g | KH 24,1 g | kcal 270   Ergibt 1 Backblech

Teig

1 Glas Kirschen

250 g Butter

250 g Zucker

6 Eier

250 g Mix it! Mehl

50 g Stärke

1 TL gemahlene Flohsamenschalen

10 g Backpulver

2 EL Kakaopulver

Belag

2 Pck. Vanillepuddingpulver

1 l Milch

4 EL Zucker

250 g Butter

200 g Vollmilchkuvertüre

Den Backofen auf 180 °C vorheizen. Die Kirschen in ein Sieb geben und abtropfen lassen. Butter, Zucker und Eier schaumig rühren. Mehl, Stärke, Flohsamen und Backpulver mischen, zur Butter-Ei-Mischung geben und alles gut verrühren.

Die Hälfte des Teigs auf ein mit Backpapier ausgelegtes Backblech streichen. In die zweite Hälfte das Kakaopulver rühren und auf den hellen Teig streichen. Kirschen auf dem Teig verteilen und im Ofen in etwa 45 Minuten fertig backen.

Aus dem Puddingpulver, der Milch und dem Zucker nach Anleitung einen Pudding kochen, abkühlen lassen. Die Butter schaumig rühren und löffelweise unter den Pudding heben. Die Pudding-Butter-Creme auf den ausgekühlten Donauwellenboden verteilen und glatt streichen. Die Vollmilchkuvertüre im Wasserbad schmelzen und die Donauwelle damit verzieren.

Russischer Zupfkuchen

Ew 5,6 g | F 19,1 g | KH 38,4 g | 343 kcal   Ergibt 1 Kuchen

Teig

240 g Mix it! Mehl

1 TL Backpulver

1 Prise Salz

100 g Zucker

1 Pck. Vanillezucker

2 EL Kakaopulver

1 Ei

100 g kalte Butter zzgl. etwas zum Einfetten

Belag

4 Eier

250 g weiche Butter

250 g Zucker

2 Pck. Vanillezucker

1 Pck. Vanillepuddingpulver

500 g Magerquark

Die trockenen Zutaten vermengen, in die Mitte eine Mulde drücken. Das Ei hineingeben, die Butter in kleinen Stückchen rundherum verteilen und mit den Händen zügig zu einem geschmeidigen Teig verkneten. Den Teig zu einer Kugel formen, in Frischhaltefolie einwickeln und 30 Minuten im Kühlschrank kalt stellen.

In der Zwischenzeit den Backofen auf 160 °C vorheizen, die Springform (Durchmesser 26 Zentimeter) einfetten. Für den Belag die Eier trennen, das Eiweiß zu steifem Schnee schlagen. Butter schaumig rühren, Zucker und Vanillezucker unter Rühren dazugeben. Zunächst Eigelb und Puddingpulver, dann den Quark unterrühren. Den Eischnee vorsichtig unterheben.

Den Mürbeteig aus der Folie wickeln, zwischen zwei Lagen Frischhaltefolie ausrollen. Er sollte 5 Zentimeter größer als die Springform sein. Den Teig mit dem Nudelholz aufnehmen und in die Form abrollen. Leicht andrücken, seitlich einen Rand formen und gleichmäßig abschneiden. Die Mürbeteigreste beiseitestellen.

Die Quarkcreme in die Form füllen und glatt streichen. Den restlichen ausgerollten Mürbeteig in kleine Stücke zupfen und die Quarkcreme damit belegen. Den Kuchen im Ofen auf der zweiten Schiene von unten 60–70 Minuten backen. Den fertigen Kuchen aus dem Ofen nehmen, mit einem Messer vorsichtig vom Rand lösen. Den Kuchen in der Form auf einem Rost auskühlen lassen.

TIPP: Diesen Kuchen nicht mit Umluft backen, sonst wird die Quarkcreme braun.

Biskuitrolle

Ew 4,3 g | F 7,4 g | KH 24,4 g | 179 kcal   Ergibt 12 Stück

Biskuitteig

6 Eier

120 g Zucker zzgl. etwas zum Bestreuen

1 Pck. Vanillezucker

180 g Mix it! Mehl

1 ½ TL Backpulver

Füllung

200 g Schlagsahne

1 Pck. Vanillezucker

1 Pck. Sahnesteif

500 g Erdbeeren

etwas Puderzucker zum Garnieren

Den Backofen auf 200 °C vorheizen. Die Eier trennen. Das Eiweiß sehr steif schlagen, den Zucker und den Vanillezucker einrieseln lassen, dabei weiterschlagen. Das Eigelb einrühren. Mehl und Backpulver sorgfältig mischen und vorsichtig mit der Eiermasse vermengen. Sofort gleichmäßig auf ein mit Backpapier ausgelegtes Backblech streichen und 10 Minuten backen.

In der Zwischenzeit ein sauberes Geschirrtuch, das größer sein sollte als das Backblech, auslegen und leicht mit Zucker bestreuen. Den fertigen Biskuitboden auf das Geschirrtuch stürzen, das Backpapier vorsichtig abziehen und locker auf dem Biskuit liegen lassen. Mithilfe des Geschirrtuches den Biskuit mit dem Backpapier vorsichtig aufrollen und 10 Minuten auskühlen lassen.

Die Sahne für die Füllung mit dem Vanillezucker leicht steif schlagen, zuletzt das Sahnesteif mitschlagen. Einige Erdbeeren und etwas geschlagene Sahne für die Garnierung beiseitestellen. Die restlichen Erdbeeren in kleine Stückchen schneiden und mit der geschlagenen Sahne vermischen. Die Biskuitrolle vorsichtig auseinanderrollen, das Backpapier entfernen und den Teig mit der Erdbeersahne bestreichen. Am unteren Ende des Bodens einen etwa 2 Zentimeter breiten Rand freilassen.

Den Biskuit mithilfe des Geschirrtuchs erneut aufrollen, auf eine Tortenplatte setzen und mit Puderzucker, Erdbeerstückchen und Sahnehäubchen nach Belieben verzieren.

TIPP: Für eine Schokorolle 20 Gramm des Mehls durch 2 Esslöffel Kakaopulver ersetzen. Die Füllung schmeckt auch mit anderen klein geschnittenen oder pürierten Früchten und mit Marmelade oder Schokostreuseln verfeinerter Sahne. Ganz einfach ist die Variante, den Biskuitteig lediglich mit Aprikosenmarmelade einzustreichen.

Wasserkuchen (Boden für Obstkuchen)

Ew 4,9 g | F 16,3 g | KH 54,2 g | 377 kcal   Ergibt 1 hohen oder 2 flache Tortenböden

Teig
4 Eier
100 ml Wasser
Saft von ½ Zitrone
180 g Zucker
1 Pck. Vanillezucker
270 g Mix it! Mehl
18 g Backpulver
100 ml neutrales Pflanzenöl zzgl. etwas zum Einfetten

Belag
Erdbeeren oder andere Früchte, Sahne, Mandeln nach Geschmack

Eine Springform (Durchmesser 26 Zentimeter) einfetten. Den Backofen auf 160 °C Umluft vorheizen. Die Eier trennen. Das Eigelb mit Wasser und Zitronensaft schaumig schlagen. Zucker und Vanillezucker nach und nach einrieseln lassen, dabei weiterrühren. Mehl und Backpulver mischen und ebenfalls nach und nach unterrühren. Zuletzt das Öl zugeben und ebenfalls unterrühren. Das Eiweiß zu Schnee schlagen und vorsichtig unter die Teigmasse heben.

Die Masse in die Springform füllen und im Ofen auf mittlerer Schiene etwa 40 Minuten backen. Aus dem Ofen nehmen, zunächst in der Springform einige Minuten auskühlen lassen, dann den Springformrand vorsichtig vom Kuchen lösen und den Kuchen auf einem Rost vollständig auskühlen lassen.

TIPP: Ein hoher Tortenboden kann in der Mitte durchgeschnitten und gefüllt werden, oder jede Hälfte kann wie ein normaler Tortenboden verwendet werden. Unbelegt können die Hälften hervorragend tiefgefroren werden. Aus der angegebenen Menge kann man jedoch auch einen Blechkuchen backen und diesen nach Belieben belegen. In diesem Fall reduziert sich die Backzeit auf etwa 25 Minuten.

Zebra-Cashew-Kuchen mit Orangen

Ew 5,3 g | F 21,4 g | KH 30,6 g | 337 kcal   Ergibt 1 Kuchen

Rührteig

1 Apfel mit Schale, grob geraspelt (150 g)

Schale von 2 Orangen

3 Eier

120 g Rapsöl

120 g Mineralwasser mit Kohlensäure

50 g geröstete gehackte Cashewnüsse (oder Haselnüsse)

120 g Zucker

160 g Mix it! Mehl Dunkel

8 g Weinsteinbackpulver

2 gehäufte EL ungesüßtes Kakaopulver (30 g)

Belag

Orangenfilets

Backofen auf 175 °C Umluft oder 200 °C Ober- und Unterhitze vorheizen. Eine runde Kuchenform (Durchmesser 24 Zentimeter) einfetten und mit geriebenen Mandeln ausstreuen (alternativ eine Silikonbackform verwenden).

Für den Teig die Zutaten (ohne das Kakaopulver) der Reihe nach in eine Schüssel geben. Zum Schluss das Backpulver über das Mehl sieben und mit dem Mehl vermischen. Das Backpulver darf dabei nicht feucht werden und vor dem Vermengen nur mit dem Mehl in Berührung kommen. Nun alle Zutaten in wenigen Sekunden mit einer Teigkarte verrühren. Je kürzer Sie den Teig rühren, desto lockerer wird der Kuchen!

Den flüssigen Teig halbieren. Auf eine Teighälfte das Kakaopulver sieben und mit der Teigkarte sehr schnell in den Teig einrühren. Mit einem Löffel abwechselnd den hellen und den dunklen Teig in der Form verteilen. Mit dem dunklen Teig abschließen. Mit den Orangenfilets belegen und im Ofen auf der untersten Schiene in etwa 40 Minuten fertig backen.

Der Teig soll ab dem Zeitpunkt des Zusammenrührens innerhalb von 5 Minuten im Backofen sein, da sonst das Backpulver die Wirkung verliert und der Kuchen nicht mehr so schön aufgeht.

TIPP: Um Orangen zu filetieren, schneiden Sie zunächst mit einem scharfen Messer die Kappen oben und unten ab. Dann die Orange auf eine Unterlage stellen und die Schale rundherum von oben nach unten abschneiden. Es sollen sowohl Schale als auch das Weiße unter der Schale vollständig weggeschnitten werden. Über einer Schüssel mit dem Messer direkt neben den Scheidewänden in die Orange schneiden und so die Filets heraus lösen. Den aufgefangenen Saft einfach trinken oder in den Teig mischen.

Mohn-Zimt-Kuchen mit Kirschen

Ew 5,9 g | F 55,1 g | KH 26,1 g | 209 kcal   Ergibt 1 Kuchen

Rührteig
- 1 Apfel mit Schale, grob geraspelt (150 g)
- Schale von 1 Orange oder Zitrone
- 2 EL Rum (oder ein beliebiger Fruchtsaft)
- 1 EL Zimtpulver
- Mark von 1 Vanilleschote
- 3 Eier
- 80 g Rapsöl
- 125 g Naturjoghurt
- 100 g Zucker
- 100 g Mohn
- 100 g Mix it! Mehl Dunkel
- 16 g Weinsteinbackpulver

Belag
- 100 g frische oder tiefgekühlte Kirschen

Backofen auf 175 °C Umluft oder 200 °C Ober- und Unterhitze vorheizen. Eine runde Kuchenform (Durchmesser 24 Zentimeter) einfetten und mit geriebenen Mandeln ausstreuen (alternativ eine Silikonbackform verwenden).

Für den Teig die Zutaten der Reihe nach in eine Schüssel geben. Zum Schluss das Backpulver über das Mehl sieben und mit dem Mehl vermischen. Das Backpulver darf dabei nicht feucht werden und vor dem Vermengen nur mit dem Mehl in Berührung kommen.

Nun alle Zutaten in wenigen Sekunden mit einer Teigkarte verrühren. Je kürzer Sie den Teig rühren, desto lockerer wird der Kuchen! Den dickflüssigen Teig in die vorbereitete Kuchenform gießen. Mit den Kirschen bestreuen und im Ofen auf der untersten Schiene in etwa 40 Minuten fertig backen.

Der Teig soll ab dem Zeitpunkt des Zusammenrührens innerhalb von 5 Minuten im Backofen sein, da sonst das Backpulver die Wirkung verliert und der Kuchen nicht mehr so schön aufgeht.

TIPP: Zimt enthält Kumarin, das in größeren Mengen zu Kopfschmerzen führen kann. Verwenden Sie Ceylonzimt, dieser ist zwar teurer als der übliche Cassiazimt, zeichnet sich aber durch einen sehr geringen Kumaringehalt aus.

Kuchen, Muffins und Co.

Kürbiskernkuchen aus dem Glas

Ew 7,6 g | F 20,1 g | KH 41,7 g | 295 kcal   Ergibt 5 Küchlein

Schale und Saft von ½ Zitrone

Mark von 1 Vanilleschote

2 EL Wasser

2 EL Rum oder Milch

1 Ei

250 g Naturjoghurt

80 g Rapsöl zzgl. etwas zum Einfetten

120 g Zucker

100 g geröstete gemahlene oder gehackte Kürbiskerne

180 g Mix it! Mehl Dunkel

8 g Weinsteinbackpulver

5 konische ¼-l-WECK-Gläser (die Öffnung soll oben größer sein als unten, sonst lässt sich der Kuchen nicht stürzen)

10 Klammern zum Verschließen

Die Gläser gut reinigen, den Boden und die unteren 2 Zentimeter einfetten. Der Glasrand muss sauber und fettfrei sein. Die Gummiringe in die Deckel stecken. Klammern bereithalten. Den Backofen auf 175 °C Umluft vorheizen.

Für den Teig die Zutaten der Reihe nach in eine Schüssel geben. Zum Schluss das Backpulver über das Mehl sieben und mit dem Mehl vermischen. Das Backpulver darf dabei nicht feucht werden und vor dem Vermengen nur mit dem Mehl in Berührung kommen.

Nun alle Zutaten in wenigen Sekunden mit einer Teigkarte verrühren. Je kürzer Sie den Teig rühren, desto lockerer wird der Kuchen! Den dickflüssigen Teig gleichmäßig in den Gläsern verteilen. Die Gläser nur gut halb füllen, sonst quillt der Teig beim Backen heraus oder der Deckel springt auf. Gegebenenfalls den Glasrand säubern. Die Deckel aufsetzen und mit den Klammern verschließen. Im Ofen auf der untersten Schiene etwa 40 Minuten backen. Aus dem Ofen nehmen und mit den Klammern 1 Tag stehen lassen. Anschließend können die Klammern entfernt werden.

Der Teig soll ab dem Zeitpunkt des Zusammenrührens innerhalb von 5 Minuten im Backofen sein, da sonst das Backpulver die Wirkung verliert und der Kuchen nicht mehr so schön aufgeht.

TIPP: Die ausgekratzte Vanilleschote mit Kristallzucker in ein Schraubverschlussglas stecken und mindestens 6 Wochen im Küchenschrank reifen lassen. Den Zucker können Sie als Vanillezuckerersatz verwenden. Oder die Schote mit einer Schere in kleine Stücke schneiden und in eine Gewürzmühle füllen. Dann frisch in Pudding, Aufläufe, etc. reiben.

Karotten-Mandel-Kuchen

Ew 6,5 g | F 13,3 g | KH 40,7 g | 304 kcal   Ergibt 1 Kuchen

Teig

6 Eier

200 g Zucker

80 g Mix it! Mehl

50 g gemahlene glutenfreie
   Butterkekse

1 Prise Salz

1 Prise Zimtpulver

1 Prise Nelkenpulver

2 TL Backpulver

280 g gemahlene Mandeln

240 g fein geriebene Karotten

3 cl Kirschwasser (oder Zitronensaft)

Glasur

200 g Puderzucker

1 EL Zitronensaft

2–3 EL Kirschwasser
   (oder Zitronensaft)

Dekoration

50 g Marzipanrohmasse

2–3 EL Puderzucker

je 2–3 Tropfen rote und gelbe
   Lebensmittelfarbe

1 Handvoll ganze Pistazien

gemahlene Pistazien zum Verzieren

Den Backofen auf 170 °C Umluft vorheizen. Die Eier trennen, das Eigelb mit 120 Gramm des Zuckers schaumig schlagen. Mehl, gemahlene Kekse, Gewürze, Backpulver und Mandeln mischen. Die Mehlmischung mit den Karotten und dem Kirschwasser zu der Eiermasse geben und zu einem Teig verarbeiten. Das Eiweiß mit dem Salz und dem restlichen Zucker steif schlagen und locker unter den Teig heben.

Den Boden einer Springform (Durchmesser 28 Zentimeter) mit Backpapier auslegen, den Rand einfetten. Die Masse in die Form geben und glatt streichen.

Den Kuchen im Ofen 55–60 Minuten fertig backen. Den fertigen Kuchen aus dem Ofen nehmen, mit einem Messer vorsichtig vom Rand lösen und auf einem Rost auskühlen lassen. Anschließend das Backpapier vorsichtig abziehen.

Aus dem Puderzucker, Zitronensaft und Kirschwasser eine zähe Glasur zubereiten. Mit einem breiten Messer oder einer Palette auf dem Kuchen verteilen und glatt streichen. Die Glasur darf am Rand heruntertropfen.

Für die Karottendekoration die Marzipanrohmasse mit Puderzucker und Lebensmittelfarbe verkneten. Zu einer Wurst rollen und in 8–16 gleich große Stücke schneiden. Karotten formen, mit einem Messerrücken die Oberseite einkerben. Die Pistazien der Länge nach durchschneiden und als Blätter an die Enden der Karotten drücken. Die Karotten auf die noch feuchte Glasur setzen. Nach Geschmack den Kuchen noch mit gemahlenen Pistazien verzieren.

TIPP: Der Kuchen kann schon zwei Tage vor dem Verzehr gebacken werden. Wer die Dekoration nicht selbst machen möchte, kann 1 Packung fertige, glutenfreie Marzipanrübchen verwenden.

Käsekuchen

Ew 7,0 g | F 14,7 g | KH 33,7 g | 290 kcal   Ergibt 1 Kuchen

Teig
125 g weiche Butter zzgl. etwas zum Einfetten
125 g Zucker
2 Eier
abgeriebene Schale von ½ Zitrone
150 g Mix it! Mehl
75 g Stärke
9 g Backpulver

Creme
100 g weiche Butter
130 g Zucker
2 Eier
abgeriebene Schale von ½ Zitrone
½ Pck. Vanillepuddingpulver
500 g Quark

Den Backofen auf 160 °C vorheizen. Eine Springform (Durchmesser 26 Zentimeter) einfetten.

Für den Teig die Butter schaumig schlagen, Zucker einrieseln lassen und dabei weiterschlagen. Die Eier nacheinander sowie die Zitronenschale dazugeben und unterrühren. Mehl, Stärke und Backpulver vermischen und unter Rühren löffelweise zum Teig geben. Den Teig in die Springform füllen und glatt streichen.

Für die Creme die Butter schaumig schlagen, unter Rühren zunächst den Zucker, dann nacheinander die Eier und die Zitronenschale dazugeben. Schließlich das Puddingpulver und zuletzt den Quark unterrühren.

Die Quarkcreme mittig auf den Rührteig geben, nicht verstreichen. Den Kuchen im Ofen auf der zweiten Schiene von unten 65–70 Minuten backen. Dabei verläuft die Creme und der Rührteig steigt seitlich über die Creme hoch. Den fertigen Kuchen aus dem Ofen nehmen, mit einem Messer vorsichtig von der Form lösen und in der Form auf einem Rost auskühlen lassen.

TIPP: Diesen Kuchen nicht mit Umluft backen, sonst wird die Quarkcreme braun.

Kuchen, Muffins und Co.

Schokoladekuchen

Ew 4,8 g | F 25,6 g | KH 47,4 g | 434 kcal   Ergibt 1 Kuchen

Teig
150 g weiche Butter zzgl. etwas zum Einfetten
150 g Zucker
5 Eier
250 g Mix it! Mehl
12 g Backpulver
75 g süßes Kakaopulver
20 g bitteres Kakaopulver

Füllung
75 g weiße Kuvertüre
2 EL Milch
150 g Butter
125 g Puderzucker
2 EL Orangenlikör

Schokoraspeln zum Garnieren

Den Backofen auf 200 °C vorheizen. Eine Springform (Durchmesser 26 Zentimeter) einfetten und leicht bemehlen. Die Butter schaumig schlagen, Zucker unter Rühren dazugeben. Die Eier nacheinander zugeben und gut unterrühren.

Mehl, Backpulver und Kakao vermischen, in die Eiermasse sieben, gut miteinander verquirlen und in die Springform füllen.

Im Ofen auf mittlerer Schiene 35–40 Minuten backen. Den fertigen Kuchen aus dem Ofen nehmen, vorsichtig aus der Springform lösen und auf einem Rost auskühlen lassen. Anschließend den Kuchen waagerecht durchschneiden.

Kuvertüre mit Milch vorsichtig im Wasserbad schmelzen und abkühlen lassen. Butter und Puderzucker schaumig rühren, Orangenlikör zugießen, alles zur Schokoladenmasse geben und vermischen.

Den unteren Boden mit einem Drittel der Creme bestreichen, die zweite Bodenhälfte aufsetzen, den Kuchen rundum mit der Creme überziehen und mit Schokoraspeln garnieren.

TIPP: Den Kuchen nicht zu lange backen, sonst wird er trocken. Als Variante können Sie den unteren Boden mit einem halben Glas Aprikosenmarmelade bestreichen. Die zweite Bodenhälfte aufsetzen. Im Wasserbad 200 Gramm Kuvertüre schmelzen und den Kuchen damit rundum überziehen. Wer keine Schokoglasur mag, kann den Kuchen auch mit Preiselbeer- oder Himbeersahne füllen und mit dazu passenden Früchten und Sahne dekorativ verzieren.

Bienenstich

Ew 4,3 g | F 16,4 g | KH 27,1 g | 271 kcal   Ergibt 1 Backblech

Hefeteig

30 g frische Hefe

300 ml lauwarme Milch

75 g Zucker

300 g Mix it! Mehl und

   150 g Mix it! Mehl Dunkel oder

   600 g Mix it! Mehl

1 Prise Salz

2 Eier

75 g weiche Butter

Mandelbelag

120 g Butter

120 g Zucker

1 Pck. Vanillezucker

3 EL Sahne

200 g gehobelte Mandeln

Füllung

2 Pck. Vanillepuddingpulver

750 ml Milch

5 EL Zucker

100 g weiche Butter oder

   100 ml Sahne und

   1 Pck. Sahnesteif

Den Backofen auf 40 °C Umluft vorheizen. Die Hefe in eine Schlüssel bröseln, die lauwarme Milch und 30 Gramm des Zuckers dazugeben und vermengen. Beide Mehlsorten, den restlichen Zucker und das Salz in eine große Schüssel geben und vermischen. Den Backofen wieder ausschalten. Die Hefe- und die Mehlmischung, die Butter in Stücken und die Eier in den Backofen legen und alles 5 Minuten erwärmen. Alles herausnehmen und zu einem homogenen Teig verkneten. Diesen zurück in den warmen Backofen stellen und die Schüssel mit einem Deckel verschließen. Den Teig ca. 30 Minuten gehen lassen, bis sein Volumen sichtbar gewachsen ist.

Für die Mandelmasse: Butter, Zucker, Vanillezucker und Sahne in einen Topf geben und unter Rühren erhitzen. Die Mandeln unterrühren, kurz zum Kochen bringen, den Topf vom Herd nehmen und die Masse abkühlen lassen. Den Hefeteig auf ein mit Backpapier ausgelegtes Backblech geben, mit Frischhaltefolie bedecken, mit den Händen etwas flachdrücken und mit dem Nudelholz gleichmäßig auf dem Blech verteilen. Mit den Fingern in die Ecken drücken, die Folie abziehen und mehrmals mit einer Gabel einstechen. Die Mandelmasse gleichmäßig auf dem Hefeteig verteilen.

Den Teig nochmals an einem warmen Ort gehen lassen, bis er sich sichtbar vergrößert hat (etwa 20 Minuten). Den Backofen auf 180 °C Umluft vorheizen. Den Teig auf mittlerer Schiene 15 Minuten, bzw. 12 Minuten bei ausschließlicher Verwendung des hellen Mehls, backen, bis der Hefeteig durchgebacken und die Mandelmasse leicht gebräunt ist. Den Kuchen aus dem Ofen nehmen und auf dem Rost auskühlen lassen.

Für die Füllung Vanillepudding nach Anleitung kochen, jedoch nur 750 Milliliter Milch verwenden. In den noch warmen Pudding die in Stückchen geschnittene Butter geben, während des Abkühlens immer wieder umrühren. Wenn Sie statt der Butter die Sahne nehmen: Diese mit dem Sahnesteif steif schlagen und unter den abgekühlten Pudding rühren. Den abgekühlten Kuchen in sechs große Stücke teilen, jedes für sich waagrecht durchschneiden und mit dem abgekühlten Pudding füllen.

Fanta-Torte

Ew 3,0 g | F 16,7 g | KH 30,5 g | 280 kcal   Ergibt 1 Torte

Teig

4 Eier

150 g Zucker

1 Pck. Vanillezucker

100 ml Öl

150 ml Fanta

Saft von ½ Zitrone

250 g Mix it! Mehl

2 TL Backpulver

1 TL gemahlene Flohsamenschalen

Belag

600 g Schmand

200 g Zucker

3 Pck. Vanillezucker

3 Dosen Mandarinen

750 ml Sahne

3 Pck. Sahnesteif

40 g Kakao

Den Backofen auf 200 °C vorheizen. Eine Springform mit Backpapier auslegen.

Die Eier mit dem Handrührgerät 5 Minuten schaumig rühren. Zucker und Vanillezucker einrieseln lassen und weitere 5 Minuten zu einer feinen Schaummasse rühren. Öl, Fanta und Zitronensaft vorsichtig mit der Schaummasse vermengen.

Mehl, Backpulver und Flohsamen mischen, in den Teig sieben und zügig unterheben.

Den Teig in die Backform geben und glatt streichen. Im Ofen auf mittlerer Schiene 20 Minuten backen. In der Form abkühlen lassen.

Den Boden aus der Form nehmen, auf eine Platte legen und mit einem Tortenring fest umschließen. Schmand, Zucker und Vanillezucker verrühren. Die Mandarinen abtropfen lassen, klein schneiden und mit der Schmandmasse vermengen. Sahne mit Sahnesteif steif schlagen und unter die Schmandmasse heben. Die Creme auf den Boden geben und glatt streichen. Abgedeckt über Nacht kühl stellen. Zum Servieren aus dem Tortenring lösen und mit Kakao bestäuben.

TIPP: Die Fanta-Torte schmeckt auch mit Mix it! Mehl Dunkel. Statt des hellen Mehls, einfach die gleiche Menge Mix it! Mehl Dunkel verwenden. Die Zubereitung und die Backzeit bleiben gleich.

Brombeertorte

Ew 3,5 g | F 5,3 g | KH 22,9 g | 149 kcal   Ergibt 1 Torte

Teig

4 Eier

120 g Zucker

abgeriebene Schale von 1 Zitrone

100 g Mix it! Mehl

60 g Stärke

1 TL Backpulver

1 TL gemahlene Flohsamenschalen

Füllung

1 Pck. Vanillepuddingpulver

3 EL Zucker

500 ml Milch

500 g frische oder tiefgekühlte Brombeeren

200 g Sahne

1 Pck. Sahnesteif

1 Pck. Vanillezucker

Den Backofen auf 175 °C vorheizen. Eine Springform mit Backpapier auslegen.

Die Eier mit dem Handrührgerät 5 Minuten schaumig rühren, Zucker und Zitronenschale einrieseln lassen und weitere 5 Minuten zu einer feinen Schaummasse rühren. Mehl, Stärke, Backpulver und Flohsamen mischen, zu der Schaummasse sieben und unterheben. Den Teig in die Form geben und glatt streichen.

Im Ofen auf mittlerer Schiene etwa 25 Minuten backen. Den fertigen Biskuit in der Form gut abkühlen lassen, herausnehmen und waagerecht durchschneiden. Einen Boden auf eine Platte legen und mit einem Tortenring fest umschließen.

Aus dem Puddingpulver mit Zucker und Milch nach Packungsanleitung einen Pudding zubereiten. Einige Brombeeren zum Garnieren beiseitestellen, die restlichen Beeren unter den lauwarmen Pudding heben, die Puddingmasse auf den Biskuitboden geben und glatt streichen. Am besten über Nacht kalt stellen und fest werden lassen, dann den zweiten Boden daraufsetzen und die Torte aus dem Ring lösen. Sahne mit Sahnesteif und Vanillezucker steif schlagen und die Torte damit überziehen. Mit den restlichen Beeren verzieren.

TIPP: Wenn Sie tiefgekühlte Brombeeren verwenden, können Sie diese im gefrorenen Zustand unter den noch warmen Pudding rühren.

Frankfurter Kranz

EW 3,8 g | F 24,9 g | KH 34,7 g | 373 kcal   Ergibt 1 Kuchen

Teig
250 g weiche Butter
200 g Zucker
1 Pck. Vanillezucker
1 Prise Salz
4 Eier
350 g Mix it! Mehl
100 g Stärke
1 TL gemahlene Flohsamenschalen
18 g Backpulver

Buttercreme
1 Pck. Vanillepuddingpulver
3 EL Zucker
½ l Milch
250 g weiche Butter

Garnitur
200 g gehackte Haselnüsse
2 Pck. Vanillezucker
½ Glas Johannisbeergelee
12 Cocktailkirschen

Den Backofen auf 175 °C vorheizen. Eine Gugelhupf- oder Kranzform mit Loch einfetten und bemehlen. Butter, Zucker, Vanillezucker und Salz schaumig rühren. Nacheinander die Eier unterrühren. Mehl, Stärke, Flohsamen und Backpulver mischen, löffelweise zum Teig geben und gut verrühren.

Den Teig in die Backform füllen und im Ofen auf mittlerer Schiene etwa 45 Minuten backen. Den fertigen Kuchen aus dem Ofen nehmen, ein paar Minuten in der Form ruhen lassen, dann auf einen Rost stürzen und auskühlen lassen.

Für die Buttercreme aus dem Puddingpulver, Zucker und Milch nach Packungsanleitung einen Pudding zubereiten. Den Puddingtopf in eine Schüssel mit kaltem Wasser stellen und unter Rühren erkalten lassen. Butter schaumig schlagen, erkalteten Pudding löffelweise einrühren und die Creme für 1 Stunde in den Kühlschrank stellen.

Die gehackten Haselnüsse zusammen mit Vanillezucker in einer beschichteten Pfanne unter ständigem Rühren rösten, bis der Zucker geschmolzen ist. Beiseitestellen und abkühlen lassen.

Etwas Buttercreme zum Verzieren bereitstellen. Den Kuchen zweimal waagerecht durchschneiden. Auf den untersten Boden Johannisbeergelee streichen. Darauf ein Drittel der Buttercreme streichen, den zweiten Kuchenboden aufsetzen und das zweite Drittel Creme darüberstreichen. Den letzten Kuchenboden aufsetzen und den ganzen Kuchen mit der restlichen Creme überziehen. Den Haselnusskrokant auf dem gesamten Kuchen verteilen und etwas andrücken. Den Kranz oben mit der restlichen Buttercreme und den Cocktailkirschen verzieren.

TIPP: Der Kuchen darf nicht zu trocken werden, sonst bröselt er beim Auseinanderschneiden.

Schwarzwälder Kirschtorte

Ew 4,6 g | F 8,5 g | KH 17,3 g | 163 kcal   Ergibt 1 Kuchen

Biskuitteig

4 Eier

100 g Zucker

1 Pck. Vanillezucker

50 g Stärke

50 g Mix it! Mehl Dunkel

2 EL Kakao

100 g gemahlene Nüsse

Füllung

750 g Sauerkirschen
   aus dem Glas

5 Blatt Gelatine

30 g Stärke

350 ml Kirschsaft

200 g Sahne

2 Pck. Sahnesteif

350 g Quark

30 g Zucker

3 EL Kirschwasser

Garnitur

150 g Sahne

2 Pck. Sahnesteif

150 g Quark

50 g Schokolade

Den Backofen auf 200 °C vorheizen. Die Springform mit Backpapier auslegen. Die Eier mit einem Handrührgerät 5 Minuten schaumig rühren, Zucker und Vanillezucker einrieseln lassen und weitere 5 Minuten zu einer feinen Schaummasse rühren. Stärke, Mehl und Kakao mischen, sieben und mit den Nüssen zügig unter die Eimasse heben. Den Teig in die Backform geben und glatt streichen, im Ofen etwa 30 Minuten backen, herausnehmen und in der Form abkühlen lassen. Den Biskuit aus der Form heben und zweimal waagerecht durchschneiden. Den untersten Boden auf eine Platte legen und mit einem Tortenring fest umschließen.

Die Kirschen in ein Sieb geben und abtropfen lassen. 12 schöne Kirschen zum Verzieren beiseitelegen. Die Gelatine in kaltem Wasser einweichen. Die Stärke in etwas Kirschsaft auflösen. Den restlichen Saft zum Kochen bringen. Die aufgelöste Stärke unter Rühren dazugießen, aufkochen und eindicken. Die Kirschen dazugeben, 5 Minuten bei geringer Hitze köcheln lassen, vom Herd nehmen und abkühlen lassen. Die Sahne mit Sahnesteif steif schlagen, Quark und Zucker verrühren. Gelatine ausdrücken und bei geringer Hitze auflösen. 5 Esslöffel Quark zur Gelatine geben und verrühren, zurück zum restlichen Quark geben und vermengen. Abgedeckt kalt stellen. Sobald die Masse fest zu werden beginnt, die geschlagene Sahne unterheben. Den Biskuitboden mit Kirschwasser beträufeln. Die Kirschmasse auf dem unteren Biskuitboden verteilen. Eine Schicht der Quarkcreme über die Kirschmasse streichen. Den mittleren Biskuitboden auflegen, dick mit der Quarkcreme bestreichen und den oberen Biskuitboden auflegen, 6 Stunden abgedeckt kalt stellen. Den Tortenring entfernen.

Für die Garnitur die Sahne mit Sahnesteif steif schlagen, einige Esslöffel beiseitestellen, die restliche Sahne unter den Quark heben und die Torte rundum mit der Masse überziehen. Die Schokolade raspeln, die Torte damit verzieren. Die beiseitegestellte Sahne in einen Spritzbeutel füllen und kleine Sahnerosetten auf die Torte spritzen, auf jede Rosette eine Kirsche setzen.

Walnusskuchen mit Beeren

Ew 4,1 g | F 10,2 g | KH 28,8 g | 223 kcal   Ergibt 1 Kuchen

Rührteig

1 Apfel mit Schale,
   grob geraspelt (150 g)

Schale von 1 Limette oder Zitrone

Mark von 1 Vanilleschote

1 EL fein gehackte Zitronenmelisse
   (nach Geschmack)

50 g Rapsöl

2 Eier

250 g Naturjoghurt

50 g geröstete und gemahlene
   Walnüsse

140 g Zucker oder Puderzucker

180 g Mix it! Mehl Dunkel

16 g Weinsteinbackpulver

Belag

100 g beliebige frische oder
   tiefgekühlte Beeren

Backofen auf 175 °C Umluft oder 200 °C Ober- und Unterhitze vorheizen. Eine runde Kuchenform (Durchmesser 24 Zentimeter) einfetten und mit geriebenen Mandeln ausstreuen.

Für den Teig die Zutaten der Reihe nach in eine Schüssel geben. Zum Schluss das Backpulver über das Mehl sieben und mit dem Mehl vermischen. Das Backpulver darf dabei nicht feucht werden und vor dem Vermengen nur mit dem Mehl in Berührung kommen.

Nun alle Zutaten in wenigen Sekunden mit einer Teigkarte verrühren. Je kürzer Sie den Teig rühren, desto lockerer wird der Kuchen! Den dickflüssigen Teig in die vorbereitete Kuchenform gießen. Mit den Beeren bestreuen und im Ofen auf der untersten Schiene in etwa 40 Minuten fertig backen.

TIPP: Bei fettarmen Backpulverkuchen soll der Teig ab dem Zeitpunkt des Zusammenrührens innerhalb von 5 Minuten im Backofen sein, da sonst das Backpulver die Wirkung verliert und der Kuchen nicht mehr so schön aufgeht. Bei fettreichen Teigen können Sie sich Zeit lassen.

Quarkstollen

Ew 3,9 g | F 9,4 g | KH 5,5 g | 313 kcal   Ergibt 1 Stollen

500 g Mix it! Mehl
42 g frische Hefe
120 g Zucker
150 ml lauwarme Milch
140 g weiche Margarine
1 Pck. geriebene Zitronenschale
1 Prise Salz
150 g Quark
50 g Rosinen
2 EL Rum
50 g Puderzucker zum Bestäuben
2 EL flüssige Butter

Das Mehl in eine Schüssel sieben, in die Mitte die Hefe bröseln, mit der Hälfte der Milch und 2 Esslöffeln des Zuckers glatt rühren. Zugedeckt bei Zimmertemperatur etwa 30 Minuten gehen lassen. Den restlichen Zucker, die restliche Milch, Margarine, abgeriebene Zitronenschale, Salz und Quark zufügen. Alle Zutaten kräftig schlagen, bis der Teig Blasen wirft und sich vom Rand der Schüssel löst. Sollte der Teig zu weich sein löffelweise Mehl unterkneten. Zugedeckt bei Zimmertemperatur 1 Stunde gehen lassen.

Rosinen und Rum vermengen und zugedeckt mindestens 30 Minuten ziehen lassen. Den Teig auf eine bemehlte Arbeitsfläche geben und die Rosinen hineinkneten. Den Teig zu einem Rechteck (20 x 30 Zentimeter) ausrollen. Eine Längsseite bis zur Mitte einschlagen. Die andere Seite leicht darüberschlagen, damit die typische Stollenform entsteht. Auf ein mit Backpapier ausgelegtes Backblech geben und bei Zimmertemperatur abgedeckt 1 Stunde gehen lassen.

Den Backofen auf 180 °C vorheizen. Eine Stollenbackform einfetten, über den Stollen stülpen im Backofen etwa 70 Minuten backen. Die Stollenform für die letzten 15 Minuten entfernen, damit die Oberfläche noch eine leichte Kruste bekommt. Den Stollen aus dem Ofen nehmen, mit Butter bestreichen und nach dem Abkühlen mit Puderzucker bestäuben.

TIPP: Der Hefeteig braucht sehr viel Übung. Alle Zutaten sollten Zimmertemperatur haben. Die Milch darf nicht zu heiß sein. Der Stollen muss auf jeden Fall 3 Wochen durchziehen, bevor man ihn anschneidet.

Schmandwaffeln

Ew 5,1 g | F 22,5 g | KH 31,6 g | 343 kcal

Ergibt 6–7 Waffeln

125 g weiche Margarine

80 g Zucker

4 Eier

1 TL Vanillezucker

60 g Mix it! Mehl

60 g Stärke

1 TL gemahlene Flohsamenschalen

200 g Schmand

Puderzucker zum Bestäuben

Margarine, Zucker und Eier mit dem Handrührgerät 5 Minuten schaumig rühren. Mehl, Stärke und Flohsamen löffelweise zum Teig geben und gut verrühren. Den Schmand unterheben.
Das Waffeleisen erhitzen und aus dem Teig 6–7 Waffel backen. Die fertigen Waffeln mit Puderzucker bestäuben und warm servieren.

TIPP: Die Schmandwaffel schmecken hervorragend mit einer Erdbeersahne. Dazu Sahne steif schlagen, Erdbeeren klein schneiden und unter die Sahne heben. Die Waffel damit servieren.

Marmorwaffeln ▷

Ew 4,4 g | F 15,7 g | KH 41,4 g | 320 kcal

Ergibt 6–7 Waffeln

125 g Butter

60 g Zucker

1 EL Vanillezucker

3 Eier

140 ml Milch

200 g Mix it! Mehl

4 EL Rum oder Milch

1 EL Kakao

2 EL Milch

Puderzucker zum Bestäuben

Butter, Zucker und Vanillezucker mit dem Handrührgerät schaumig rühren. Die Eier nach und nach unter Rühren dazugeben und zu einer dicken, cremigen Masse verarbeiten. Nacheinander Milch, Rum und Mehl dazugeben und jeweils kurz unterrühren.
Ein Drittel des Teigs in eine separate Schüssel geben und mit dem Kakao und der Milch vermengen.
Das Waffeleisen erhitzen und einfetten. Zunächst 1 Löffel hellen Teig hineingeben, dann mit einem Teelöffel Punkte von dem dunklen Teig daraufsetzen. Die Waffeln backen, mit Puderzucker bestäuben. Dazu passt Kompott oder Sahne.

Kuchen, Muffins und Co.

Brownies

Ew 7,1 g | F 27,2 g | KH 41,0 g | 429 kcal   Ergibt 12 Stücke

250 g Butter	Eine Backform (etwa 25 x 35 Zentimeter) mit Backpapier auslegen. Den Backofen auf 140 °C Umluft vorheizen. Butter und Kuvertüre in Stücke schneiden, gemeinsam im Wasserbad schmelzen und etwas abkühlen lassen.
200 g Kuvertüre	
4 Eier	
150 g Zucker	Eier und Zucker mit dem Handrührgerät etwa 5 Minuten aufschlagen, es soll eine dicke, helle Creme entstehen. Die abgekühlte Butter-Schokolade-Mischung und die Kondensmilch unter die Eiermasse rühren. Mehl, Backpulver und Kakaopulver mischen und einrühren, dann die gemahlenen und zuletzt die gehobelten Mandeln unterheben. Die Masse in die Backform füllen und im Ofen auf mittlerer Schiene etwa 25 Minuten backen, bis die Oberfläche matt wird und leichte Risse bekommt.
400 g Kondensmilch	
130 g Mix it! Mehl oder	
80 g Mix it! Mehl Dunkel	
1 TL Backpulver	
25 g Kakaopulver	
75 g gemahlene Mandeln	Die Brownies müssen außen trocken, aber innen noch feucht sein. Die Form auf einem Rost auskühlen lassen, erst dann die Brownies in Stücke schneiden und servieren.
50 g gehobelte Mandeln	

Amerikaner

Ew 4,8 g | F 17,7 g | KH 51,7 g | 382 kcal   Ergibt 12 Stück

- 120 g weiche Butter
- 100 g Zucker
- 1 TL abgeriebene Zitronenschale
- 3 Eier
- 300 g Mix it! Mehl
- 3 TL Backpulver
- 100 g dunkle Schokoladenglasur
- 100 g Puderzucker
- 2 EL Zitronensaft

Butter und Zucker schaumig rühren. Zitronenschale und die Eier nach und nach dazugeben und zu einer cremigen Masse rühren. Mehl und Backpulver mischen, nach und nach unter die Eiermasse rühren.

Den Backofen auf 170 °C Umluft vorheizen. Den Teig in einen Spritzbeutel ohne Tülle füllen. Auf ein mit Backpapier ausgelegtes Backblech Kreise mit einem Durchmesser von 6–8 Zentimetern spritzen, mit feuchten Fingern glatt streichen. Im Ofen in etwa 15 Min. goldgelb backen. Auf einem Rost auskühlen lassen.

Die Schokoladenglasur nach Packungsanleitung erwärmen. Die Amerikaner auf der glatten Seite zur Hälfte damit bestreichen und trocknen lassen. Aus Puderzucker und Zitronensaft eine dicke Glasur rühren. Die andere Hälfte der Amerikaner damit bestreichen.

TIPP: Die Amerikaner eignen sich sehr gut für den Kindergeburtstag. Den Amerikaner auf der Oberseite mit Glasur bestreichen und mit glutenfreien Zuckerstreuseln, Konfetti oder Zuckerschrift verzieren.

Schmetterlingstörtchen

Ew 3,0 g | F 24,4 g | KH 55,7 g | kcal 444   Ergibt 12 Törtchen

Teig

125 g weiche Butter

125 g Zucker

2 große Eier

120 g Mix it! Mehl

25 g Kakaopulver

1 ½ TL Backpulver

Buttercreme

100 g weiche Butter

225 g Puderzucker zzgl. etwas zum Bestäuben

abgeriebene Schale von ½ Zitrone

1 EL Zitronensaft

Eine 12er Muffinform mit Papierförmchen auslegen oder einfetten und bemehlen. Den Backofen auf 160 °C Umluft vorheizen. Die Butter schaumig schlagen, Zucker einrieseln lassen und weiterschlagen. Die Eier dazugeben und zu einer cremigen Masse aufschlagen. Mehl, Kakao und Backpulver mischen, zur Eiermasse geben und zu einem homogenen Teig verrühren.

Den Teig gleichmäßig auf die Papierförmchen verteilen und im Ofen auf mittlerer Schiene 15–20 Minuten backen. Die Törtchen sollen gerade durchgebacken sein und auf Druck noch leicht nachgeben. Die Muffinform aus dem Ofen nehmen, die Törtchen herausheben und auf einem Rost auskühlen lassen.

Die Butter schaumig schlagen, den Puderzucker nach und nach einrieseln lassen und unterrühren. Zitronenschale und -saft zugeben und zu einer weichen Masse verrühren. Von den abgekühlten Törtchen vorsichtig einen Deckel abschneiden, diesen in der Mitte halbieren. Etwas Buttercreme auf die Törtchen streichen und die Deckelhälften wie Schmetterlingsflügel draufsetzen und leicht andrücken. Mit Puderzucker bestäuben.

TIPP: Statt Buttercreme kann man auch mit 1 Päckchen Vanillezucker steif geschlagene Sahne auf die Törtchen geben. Die Flügel dann etwas fester andrücken, damit sie nicht zur Seite kippen.

Heidelbeermuffins

Ew 4,8 g | F 3,3 g | KH 27,9 g | 161 kcal   Ergibt 12 Muffins

**1 Apfel mit Schale,
    grob geraspelt (150 g)**
abgeriebene Schale von 1 Zitrone
40 g Milch
80 g Naturjoghurt
3 Eier
75 g Zucker
**150 g Mix it! Mehl Dunkel zzgl.
    etwas zum Bestäuben**
9 g Weinsteinbackpulver
**60 g frische oder tiefgekühlte
    Heidelbeeren**

Eine 12er Muffinform mit Papierförmchen auslegen oder einfetten und bemehlen. Backofen auf 175 °C Umluft oder 200 °C Ober- und Unterhitze vorheizen. Alle Zutaten (außer den Heidelbeeren) der Reihe nach in eine Schüssel geben. Zum Schluss das Backpulver mit dem Mehl vermischen. Das Backpulver darf dabei nicht feucht werden und vor dem Vermengen nur mit dem Mehl in Berührung kommen. Nun alle Zutaten in wenigen Sekunden mit einer Teigkarte verrühren. Je kürzer Sie den Teig rühren, desto lockerer wird der Kuchen! Die Heidelbeeren unterrühren. Den dickflüssigen Teig mit einem Löffel in die Papierförmchen geben. Im Ofen auf unterster Schiene etwa 20 Minuten backen.

Der Teig soll ab dem Zeitpunkt des Zusammenrührens innerhalb von 5 Minuten im Backrohr sein, da sonst das Backpulver die Wirkung verliert und der Kuchen nicht mehr so schön aufgeht.

Neujahrsmuffins

Ew 5,1 g | F 25,0 g | KH 35,0 g | 380 kcal
Ergibt 12 Muffins

Muffins
160 g weiche Butter

60 g Puderzucker

1 EL abgeriebene Orangenschale

100 g Marzipanrohmasse

1 Prise Salz

4 Eier

50 g fein gehacktes Orangeat

100 g Kokosflocken

50 g Mix it! Mehl

Glasur
100 große Puderzucker

1 EL Zitronensaft

1 EL Orangensaft

Garnitur
50 g Marzipanrohmasse

1–2 EL Puderzucker

3–4 Tropfen grüne Lebensmittelfarbe

Eine 12er Muffinform einfetten und bemehlen. Den Backofen auf 175 °C vorheizen. Butter, Zucker, Salz und Marzipanrohmasse schaumig rühren. Eier und Orangenschale unterrühren. Das Orangeat fein hacken und mit den Kokosraspeln und dem Mehl kurz unterrühren. Die Masse in die Muffinformen füllen. Im Ofen in etwa 20 Minuten goldbraun backen. Den Puderzucker mit dem Saft zu einer dicken Glasur verrühren. Die Muffins damit bestreichen. Für die Neujahrsmuffins die Marzipanrohmasse mit Puderzucker und grüner Lebensmittelfarbe verkneten. Auf Puderzucker ausrollen und Kleeblätter ausstechen. Auf die Glasur setzen. Die Kuchenplatte mit einigen Kleeblättern schmücken.

TIPP: Für den Kindergeburtstag können die Muffins nach Lust und Laune mit bunten glutenfreien Zuckerstreuseln, Konfetti oder Marzipanfiguren verziert werden.

Eierlikörmuffins

Ew 3,6 g | F 13,3 g | KH 45,4 g | 320 kcal   Ergibt 12 Muffins

Teig

350 g Mix it! Mehl oder 260 g Mix it! Mehl Dunkel

4 TL Backpulver

½ TL Natron

abgeriebene Schale von 1 Zitrone

1 Prise geriebene Muskatnuss

80 g gehackte Mandeln

60 g Rosinen

2 Eier

130 g brauner oder weißer Zucker

1 Pck. Vanillezucker

80 ml Pflanzenöl

200 ml Eierlikör

1 EL Rum

100 g saure Sahne

Glasur (nach Belieben)

100 g Puderzucker

3–4 EL Eierlikör

Eine 12er Muffinform mit Papierförmchen auslegen oder einfetten und bemehlen. Den Backofen auf 160 °C Umluft vorheizen. Mehl, Backpulver, Natron, Zitronenschale, Muskatnuss, Mandeln und Rosinen mischen. Die Eier mit einem Schneebesen leicht verquirlen, dann Zucker, Vanillezucker, Öl, Eierlikör, Rum und saure Sahne zugeben und jeweils gut verrühren. Die Mehlmischung zur Eier-Sahne-Mischung geben und nur so lange rühren, bis die trockenen Zutaten feucht sind.

Den Teig gleichmäßig in die Papierförmchen füllen. Im Ofen auf mittlerer Schiene 20–25 Minuten backen; dabei darauf achten, dass die Muffins nicht zu trocken werden. Aus dem Ofen nehmen, in der Form 5–10 Minuten ruhen lassen, herausnehmen und auf einem Rost auskühlen lassen. Wer mag kann die Muffins mit Glasur verzieren. Dafür Puderzucker und Eierlikör verrühren und die Oberseite der Muffins darin eintauchen. Gut trocknen lassen.

Zitronenmuffins

Ew 2,7 g | F 9,3 g | KH 44,0 g | 267 kcal   Ergibt 12 Muffins

Teig
280 g Mix it! Mehl
3 TL Backpulver
½ TL Natron
abgeriebene Schale von 1 Zitrone und 1 Orange
1 Ei
140 g Zucker
80 ml Pflanzenöl
250 ml Buttermilch

Glasur
je 100 ml frisch gepresster Zitronen- und Orangensaft
3 EL Zucker

Puderzucker zum Bestäuben

Eine 12er Muffinform mit Papierförmchen auslegen oder einfetten und bemehlen.

Den Backofen auf 160 °C Umluft vorheizen. Mehl, Backpulver, Natron sowie die Zitronen- und Orangenschale vermengen. Das Ei leicht verquirlen, Zucker, Öl und Buttermilch zugeben und jeweils gut verrühren. Die Mehlmischung zur Eiermasse geben und nur so lange rühren, bis die trockenen Zutaten feucht sind.

Den Teig gleichmäßig in die Papierförmchen füllen. Im Ofen auf mittlerer Schiene etwa 20 Minuten backen; dabei darauf achten, dass die Muffins nicht zu trocken werden. Aus dem Ofen nehmen, in der Form 5–10 Minuten ruhen lassen.

Währenddessen für die Glasur Zitronen- und Orangensaft durch ein Sieb passieren und kurz erwärmen. Den Zucker hinzufügen und darin auflösen. Die noch warmen Muffins jeweils mehrmals mit einem Zahnstocher anstechen und anschließend mit dem Orangen-Zitronen-Sud tränken. Nach etwa 1 Stunde die Muffins mit Puderzucker bestäuben.

Kuchen, Muffins und Co.

Kekse

Schoko-Scones

Ew 4,5 g | F 14,0 g | KH 45,3 g | 327 kcal   Ergibt etwa 10 Stück

220 g Mix it! Mehl Dunkel oder
340 g Mix it! Mehl
100 g Zucker
1 Pck. Vanillezucker
1 Prise Salz
50 g Schokoladestückchen
10 g Backpulver
70 g kalte Butter
1 großes Ei
100–120 ml Milch

Den Backofen auf 190 °C vorheizen. Mehl, Zucker, Vanillezucker, Salz, Schokostückchen und Backpulver sorgfältig mischen. Butter in Stückchen dazugeben. Alles mit den Fingern zu einem krümeligen Teig verreiben.

Ei mit Milch verquirlen und in die Mehl-Butter-Mischung geben. (Die Milchmenge ist abhängig von der Größe des Eis. Ist der Teig zu trocken, tröpfchenweise mehr Milch dazugeben; ist er zu feucht, etwas Mehl unterkneten. Beim hellen Mehl eventuell etwas weniger Milch verwenden.) Den Teig nur so lange mit den Händen kneten, bis er homogen ist.

Die Arbeitsfläche leicht mit Mehl bestäuben. Den Teig mit Klarsichtfolie abdecken, mit dem Nudelholz etwa 2,5 Zentimeter dick ausrollen und entweder in Quadrate (10 Zentimeter groß) schneiden oder mit einem Glas Kreise (Durchmesser 7 Zentimeter) ausstechen. Den übrigen Teig nochmals verkneten und verarbeiten, bis der Teig aufgebraucht ist.

Die Scones mit etwas Abstand auf ein mit Backpapier ausgelegtes Backblech geben und mit Milch einpinseln. Im Ofen auf mittlerer Schiene 12–15 Minuten backen und noch warm servieren.

TIPP: Die Scones sind ein Klassiker zum englischen Nachmittagstee. Man genießt sie ofenfrisch mit Schlagsahne gefüllt oder mit Butter und Marmelade.

Spritzgebäck Foto siehe Seite 93

Ew 3,0 g | F 21,2 g | KH 61,4 g | 441 kcal

Ergibt etwa 100 Stück

25 g Kuvertüre
80 g weiche Butter
70 g Puderzucker
1 Pck. Vanillezucker
1 Eigelb
2 EL Milch
150 g Mix it! Mehl oder
    90 g Mix it! Mehl Dunkel
15 g Stärke
5 g Kakaopulver
100 g Kuvertüre

Den Backofen auf 200 °C vorheizen. Die Kuvertüre im Wasserbad schmelzen und etwas abkühlen lassen. Butter schaumig schlagen, Puderzucker dazusieben und mit dem Vanillezucker unterrühren. Eigelb einrühren, erst dann die Milch zugeben und erneut gut vermengen. Mehl, Stärke und Kakaopulver mischen und einrühren. Zuletzt die flüssige Kuvertüre hineingeben und noch einmal gut verrühren. Die Masse in einen Spritzbeutel mit Sterntülle füllen und Plätzchen in gewünschter Form auf ein mit Backpapier ausgelegtes Backblech spritzen. Im Ofen auf mittlerer Schiene etwa 10 Minuten backen. Die Plätzchen einige Minuten auf dem Backblech abkühlen lassen, dann vom Backblech heben und auf einem Rost vollständig auskühlen lassen. Das Spritzgebäck zur Hälfte in geschmolzene Kuvertüre tauchen.

Zitronen-Schoko-Spiralen ▷

Ew 2,6 g | F 17,8 g | KH 67,8 g | 434 kcal

Ergibt etwa 60 Stück

25 g Kuvertüre oder 3 TL Kakaopulver
180 g Butter
270 g Zucker
1 Ei
420 g Mix it! Mehl
abgeriebene Schale von 1 Zitrone

Die Kuvertüre im Wasserbad schmelzen. Butter und Zucker in einer großen Schüssel schaumig schlagen. Das Ei verquirlen, langsam zur Butter geben und weiterschlagen. Das Mehl hineinsieben, einrühren und mit den Händen zu einem weichen Teig verarbeiten.
Den Teig halbieren. In eine Hälfte die geschmolzene Kuvertüre einkneten. Bei Verwendung von Kakaopulver gegebenenfalls einige Tropfen Milch dazugeben. In die zweite Teighälfte die geriebene Zitronenschale einarbeiten.
Die beiden Hälften jeweils zwischen Frischhaltefolie zu gleich großen Rechtecken ausrollen. Die obere Folie des dunklen Teigs entfernen, den hellen Teig ohne Folie auf den dunklen legen und mithilfe der unteren Folie fest aufrollen.
Die Rolle für eine halbe Stunde in den Kühlschrank legen. Den Backofen auf 190 °C vorheizen. Die Rolle aus der Folie wickeln und in Scheiben schneiden. Die Scheiben auf zwei mit Backpapier ausgelegte Backbleche legen und in 10–12 Minuten goldbraun backen. Auf einem Rost auskühlen lassen.

Schwarz-Weiß-Gebäck

Ew 3,7 g | F 23,7 g | KH 55,5 g | 447 kcal   Ergibt etwa 50 Stück

Grundteig

- 180 g weiche Butter
- 80 g Puderzucker
- 350 g Mix it! Mehl

Heller Teig

- 70 g zimmerwarme Marzipanrohmasse
- 5 Tropfen Bittermandelöl

Dunkler Teig

- 20 g Kakaopulver
- ½ EL Milch

1 Eiweiß zum Bestreichen

Die Butter schaumig schlagen, zunächst den Puderzucker, dann das Mehl einarbeiten und mit den Händen zu einem geschmeidigen Teig verkneten. Den Teig halbieren. Für den hellen Teig Marzipan in Stückchen schneiden und mit dem Bittermandelöl sorgfältig unter eine Teighälfte kneten. Über die zweite Teighälfte das Kakaopulver sieben und einkneten; damit der Teig nicht zu trocken wird, ein paar Tropfen Milch zugeben. Beide Teighälften zu je einer Kugel formen, in Frischhaltefolie wickeln und 30 Minuten im Kühlschrank kalt stellen.

Den Backofen auf 180 °C vorheizen. Jede Teighälfte jeweils zwischen Frischhaltefolie zu einem 3 Zentimeter dicken und 8 x 20 Zentimeter großen Rechteck ausrollen. Die Frischhaltefolien abziehen.

Das dunkle Teigstück mit Eiweiß einpinseln, das helle Stück darauflegen und etwas andrücken. Diesen Teigblock längs halbieren, eine Hälfte mit Eiweiß einpinseln und die andere daraufsetzen, sodass der Teig dunkel, hell, dunkel, hell aufeinanderliegt. Etwas andrücken. Quer drei 1 Zentimeter breite Streifen schneiden, den mittleren so drehen, dass ein Schachbrettmuster entsteht. Die Schnittstellen mit Eiweiß einpinseln und fest aneinanderdrücken. Den Teigblock nun mit einem scharfen Messer in dünne Scheiben schneiden und mit etwas Abstand auf ein mit Backpapier ausgelegtes Backblech geben. Im Ofen auf mittlerer Schiene etwa 10 Minuten backen. Einige Minuten auf dem Backblech abkühlen lassen, dann vom Backblech heben und auf einem Rost vollständig auskühlen lassen.

Schoko-Mandel-Küsschen

Ew 5,9 g | F 25,1 g | KH 44,5 g | 422 kcal   Ergibt 2 Backbleche

100 g geschälte gehackte Mandeln
100 g Zartbitterschokolade
150 g Butter oder Margarine
100 g Zucker
1 Prise Salz
1 Vanillezucker
½ Fläschchen Bittermandelaroma
3 Eier
280 g Mix it! Mehl
1 EL Kakao
1 TL gemahlene Flohsamenschalen
2 TL Backpulver
4 EL Amaretto oder Milch
100 g Schokoladenglasur

Den Backofen auf 150 °C vorheizen, die gehackten Mandeln 10–15 Minuten darin hellbraun rösten. Die Schokolade reiben und mit den abgekühlten Mandeln mischen. Butter, Zucker, Salz, Vanillezucker und Bittermandelaroma schaumig schlagen. Nach und nach die Eier dazugeben und unterrühren.

Das Mehl zunächst mit dem Backpulver vermischen, dann die Mandel-Schoko-Mischung, Kakao und Flohsamen dazugeben, unterrühren und mit dem Likör schnell unter die Butter-Ei-Masse rühren. Den Teig 20 Minuten ruhen lassen, in einen Spritzbeutel ohne Tülle füllen und kleine Häufchen mit etwas Abstand auf ein mit Backpapier ausgelegtes Backblech spritzen. Mit nassen Fingern glatt streichen und im Ofen bei 180 °C etwa 12 Minuten backen. Auf einem Rost auskühlen lassen.

Die Schokoladenglasur nach Packungsanleitung erwärmen. Die Kekse dicht aneinander auf ein Backpapier legen. Die Glasur in einen Gefrierbeutel füllen, eine kleine Ecke der Tüte abschneiden und kreuz und quer Streifen über das Gebäck spritzen.

Lebkuchen

Ew 2,9 g | F 5,7 g | KH 77,4 g | 366 kcal   Ergibt etwa 80 Stück

50 g weiche Butter

180 g Zucker

1 Pck. Vanillezucker

1 Ei

100 g Honig

540 g Mix it! Mehl

16 g Backpulver

2 TL Lebkuchengewürz

Butter schaumig schlagen, Zucker, Vanillezucker, Ei und Honig nach und nach dazugeben und jeweils gut unterrühren. Mehl mit Backpulver und Lebkuchengewürz mischen, langsam dazugeben und zu einem geschmeidigen Teig verarbeiten. Den Teig zu einer Kugel formen, in Frischhaltefolie wickeln und mindestens 1 Stunde im Kühlschrank kalt stellen.

Den Backofen auf 160 °C Umluft vorheizen. Ein Drittel des Teiges aus dem Kühlschrank nehmen und auf der bemehlten Arbeitsfläche etwa einen halben Zentimeter dick ausrollen. Vor dem Ausstechen den Teig von unten her auflockern, damit sich die Lebkuchen gut lösen. Dann nach Belieben mit Ausstechformen Lebkuchen ausstechen und auf ein mit Backpapier ausgelegtes Backblech geben.

Im Ofen etwa 10 Minuten backen, herausnehmen, kurz auf dem Backblech ruhen lassen, dann auf ein Rost heben und abkühlen lassen. Die abgekühlten Lebkuchen in einer Keksdose zusammen mit einem kleinen Apfelschnitz aufbewahren; so bleiben sie schön weich.

TIPP: Vor dem Backen die ausgestochenen Lebkuchen mit Eigelb bestreichen und mit einer Mandelhälfte belegen.

Kokoswürfel

Ew 2,8 g | F 24,4 g | KH 48,6 g | 417 kcal   Ergibt 1 Backblech

Teig

50 g Butter

250 g Zucker

200 g Milch

2 Eigelb

350 g Mix it! Mehl

10 g Backpulver

Überzug

100 g Kuvertüre

¼ l Milch

250 g Zucker

200 g Butter

300 g Kokosraspel

Den Backofen auf 200 °C vorheizen. Butter, Zucker und Milch unter Rühren aufkochen, vom Herd nehmen und auskühlen lassen. Das Eigelb unterrühren. Mehl und Backpulver mischen, gut unter die Eiermasse rühren und auf einem mit Backpapier ausgelegten Backblech ausstreichen. Im Ofen etwa 25 Minuten backen, herausnehmen, auf dem Blech auskühlen lassen und in kleine Würfel schneiden.

Kuvertüre grob hacken und mit Milch, Zucker und Butter unter Rühren aufkochen und die Kuvertüre dabei auflösen. Etwas abkühlen lassen, die Würfel in die Masse tauchen und sofort in Kokosraspeln wälzen. Wird die Schokomasse zu kalt und damit zu dick, kann sie einfach wieder erwärmt werden. Die fertigen Kokoswürfel etwas antrocknen lassen, dann in einer Keksdose aufbewahren.

TIPP: Im Kühlschrank halten sich die Kokoswürfel gut 1 Monat. Ansonsten sollten sie innerhalb 2–3 Wochen verzehrt werden.

Zitronen-Blitz-Plätzchen

Ew 5,1 g | F 10,1 g | KH 42,0 g | 250 kcal   Ergibt etwa 60 Stück

Rührteig

1 Ei

abgeriebene Schale von 2 Zitronen

Saft von 1 Zitrone

60 g saure Sahne

20 g weiche oder flüssige Butter

130 g Mix it! Mehl Dunkel

50 g Zucker

6 g Weinsteinbackpulver

Garnieren

Puderzucker

weiße Schokoladenglasur und
   abgeriebene Zitronenschale

Backofen auf 175 °C Umluft oder 200 °C Ober- und Unterhitze vorheizen. Für den Teig alle Zutaten der Reihe nach in eine Schüssel geben. Zum Schluss das Backpulver mit dem Mehl vermischen und dazugeben. Nun alle Zutaten in wenigen Sekunden mit einer Teigkarte verrühren. Je kürzer Sie den Teig rühren, desto lockerer werden die Kekse! Ist der Teig zu fest, mischen Sie 1 Esslöffel kaltes Wasser unter.

Mit einem Löffel kleine Häufchen auf ein mit Backpapier ausgelegtes Backblech setzen. Im Ofen auf mittlerer Schiene 10–12 Minuten backen. Nach dem Auskühlen mit wenig Puderzucker bestreuen oder mit weißer Schokoglasur und abgeriebener Zitronenschale verzieren.

TIPP: Sofort nach dem Backen können Sie aus den Häufchen mit einer Plätzchenform auch beliebige Motive ausstechen.

Erdnussbutterplätzchen ▷

Ew 6,5 g | F 27,3 g | KH 52,7 g | 475 kcal   Ergibt etwa 50 Stück

125 g weiche Butter

175 g Zucker

1 Ei

125 g Erdnussbutter mit Stückchen

175 g Mix it! Mehl

1 TL Backpulver

Backofen auf 180 °C vorheizen. Butter schaumig schlagen, Zucker dazugeben und weiterrühren. Das Ei unterrühren, die Erdnussbutter zugeben und gut vermengen. Mehl und Backpulver mischen und unterheben.

Mit zwei Teelöffeln kleine Häufchen mit etwas Abstand auf ein mit Backpapier ausgelegtes Backblech setzen und im Ofen auf mittlerer Schiene goldgelb backen. Für mürbe Plätzchen 15 Minuten backen, für knusprige 20–25 Minuten backen. Aus dem Ofen nehmen, kurz auf dem Blech abkühlen lassen, dann auf einem Rost komplett auskühlen lassen.

Schokokekse mit Haselnusskrokant

Ew 4,2 g | F 27,9 g | KH 53,4 g | 472 kcal   Ergibt etwa 50 Stück

125 g Kuvertüre
125 g weiche Butter
70 g brauner Zucker
50 g weißer Zucker
3 Tropfen Vanillearoma
1 Ei
180 g Mix it! Mehl
1 TL Backpulver
40 g Haselnusskrokant oder
  25 g Kokosraspeln

Den Backofen auf 190 °C vorheizen. Die Kuvertüre grob raspeln. Butter und Zucker schaumig schlagen, das Ei verquirlen, mit dem Vanillearoma zugeben und gut unterrühren. Mehl und Backpulver mischen, dazugeben und gut vermengen. Kuvertüre und Haselnusskrokant bzw. Kokosraspeln einarbeiten.

Mit einem Teelöffel Häufchen auf ein mit Backpapier ausgelegtes Backblech setzen, dabei genügend Abstand lassen. Im Ofen in 10 Minuten goldbraun backen.

TIPP: Haselnusskrokant lässt sich leicht selbst herstellen: 40 Gramm gehackte Haselnüsse mit 10 Gramm braunem Zucker in einer beschichteten Pfanne unter Rühren rösten, bis sich der Zucker aufgelöst hat, anschließend abkühlen lassen.

Vanillekipferl

Ew 3,9 g | F 29,6 g | KH 51,4 g | 482 kcal   Ergibt etwa 80 Stück

300 g Mix it! Mehl
100 g geriebene Mandeln
2 TL gemahlene Flohsamenschalen
50 g Puderzucker
1 Pck. Vanillezucker
2 Eigelb
240 g kalte Butter
evtl. etwas Milch
100 g Puderzucker
2 Pck. Vanillezucker

Mehl, Mandeln und Flohsamen mischen, in die Mitte eine Mulde drücken. Puderzucker, Vanillezucker und Eigelb in die Mulde geben, die Butter in Stückchen rundherum verteilen. Den Teig mit den Händen zu einem Mürbeteig kneten. Ist er zu trocken, ein paar Tropfen Milch zugeben. Den Teig zu einer Kugel formen, in Frischhaltefolie einwickeln und ½ Stunde im Kühlschrank kalt stellen.

Den Backofen auf 150 °C vorheizen. Den Teig aus der Folie nehmen, walnussgroße Stücke zunächst rollen, dann kleine Hufeisen formen und auf ein mit Backpapier ausgelegtes Backblech geben. Im Ofen auf mittlerer Schiene 12–15 Minuten backen. Puderzucker und Vanillezucker mischen und die noch warmen Kipferl darin wälzen.

TIPP: Dass die Kipferl mürbe sind, ist typisch – bitte vorsichtig behandeln.

Mandel-Zimt-Plätzchen

Ew 5,1 g | F 21,1 g | KH 46,6 g | 391 kcal   Ergibt 60 Plätzchen

120 g Mix it! Mehl
60 g Puderzucker
1 TL Zimt
70 g Margarine
je 1 Ei und 1 Eigelb
evtl. etwas Milch
20 g Mandelblättchen
3–5 EL Puderzucker

Mehl, Puderzucker und Zimt auf die Arbeitsfläche sieben, die Margarine und das Ei zugeben und mit den Händen zu einem Teig verkneten. Sollte der Teig zu trocken sein, einige Tropfen Milch zugeben.

Den Backofen auf 180 °C vorheizen. Den Teig 3–4 Millimeter dick ausrollen. Eigelb und Milch verquirlen und den Teig damit bestreichen. Die Mandelblättchen darüberstreuen und alles mit Puderzucker bestäuben. Den Teig in 2 x 4 Zentimeter große Rechtecke schneiden und auf mit Backpapier ausgelegte Backbleche geben. Im Ofen in etwa 14 Minuten goldgelb backen.

Spitzbuben ▷

Ew 2,9 g | F 24,4 g | KH 56,0 g | 451 kcal   Ergibt etwa 50 Stück

375 g weiche Butter
180 g Zucker
5 Eigelb
abgeriebene Schale von ½ Zitrone
660 g Mix it! Mehl
Marmelade nach Geschmack
    zum Füllen
evtl. Puderzucker zum Bestäuben

Butter schaumig schlagen, Zucker unterrühren. Eigelb und Zitronenschale nach und nach zugeben, jeweils gut unterrühren, Mehl dazugeben und alles mit den Händen zu einem geschmeidigen Teig kneten. Den Teig zu einer Kugel formen, in Frischhaltefolie wickeln und im Kühlschrank 1 Stunde kalt stellen.

Den Backofen auf 180 °C vorheizen. Die Arbeitsfläche mit Mehl bestreuen. Die Hälfte des Teigs aus dem Kühlschrank nehmen, auf der Arbeitsfläche etwas flach drücken, Frischhaltefolie drauflegen und mit dem Nudelholz ausrollen. Dabei den Teig von unten her immer wieder auflockern und gegebenenfalls etwas mehr Mehl darunterstreuen. Die Klarsichtfolie abziehen und Formen ausstechen. In die Hälfte der ausgestochenen Formen ein oder mehrere kleine Löcher stechen; diese bilden die Deckel der Spitzbuben. Die Kekse auf ein mit Backpapier ausgelegtes Backblech setzen und im Ofen in 8–10 Minuten goldgelb backen. Die Unterteile noch warm mit Marmelade bestreichen, die Deckel vorsichtig aufsetzen und leicht andrücken. Nach Geschmack noch mit Puderzucker bestäuben. Mit dem restlichen Teig ebenso verfahren.

Süße Mehlspeisen

Marillenknödel

Ew 2,2 g | F 6,3 g | KH 28,7 g | 177 kcal   Ergibt ca. 15 Knödel

600 g Kartoffeln
180 g Mix it! Mehl
30 g Polenta (Maisgrieß)
1 Ei
1 Eigelb
ca. 15 reife Aprikosen
ca. 15 Würfelzucker
200 g altbackenes glutenfreies Weißbrot oder glutenfreie Semmelbrösel
100 g Butter
30–40 g Zucker
Salz
Zimt nach Geschmack

Die Kartoffeln schälen und in Salzwasser weich kochen. Noch heiß durch die Kartoffelpresse drücken und in einer offenen Schüssel vollständig auskühlen lassen. (Dies kann man bequem am Vorabend vorbereiten.) Mehl, Grieß, Ei und Eigelb zur Kartoffelmasse geben und mit der Hand zu einem weichen Teig verkneten. Der Kartoffelteig sollte weich und eher ein wenig zu klebrig als zu trocken sein. Klebt er zu sehr, etwas mehr Mehl dazugeben; ist er zu trocken, noch ein Eidotter unterkneten.

Den Teig zu einer dicken Rolle formen und etwas ruhen lassen. In der Zwischenzeit die Aprikosen waschen und trocken tupfen, einschneiden, den Kern herausholen und stattdessen ein Stück Würfelzucker hineingeben.

Das altbackene Weißbrot mit einer Reibe oder im Mixer zu Bröseln verarbeiten. In einer beschichteten Pfanne die Butter zerlassen, Semmelbrösel, Zimt und Zucker dazugeben und bei mittlerer Hitze die Semmelbrösel leicht bräunen und warm stellen.

Die Arbeitsfläche leicht mit Mehl bestreuen. Eine Scheibe vom Kartoffelteig abschneiden, in der bemehlten Hand etwas flach drücken und eine Aprikose mit Würfelzucker darin einwickeln. Den Teig gut zudrücken und den Knödel auf der bemehlten Arbeitsfläche ablegen. Mit dem restlichen Teig ebenso verfahren.

Wasser in einem großen Topf zum Kochen bringen, leicht salzen und die Knödel hineingleiten lassen. Köcheln lassen, bis die Knödel nach 5–8 Minuten an die Oberfläche steigen. Noch 1 Minute schwimmen lassen, dann mit einem Schaumlöffel herausheben und in den warmen Semmelbröseln wälzen. Mit ein wenig Zucker bestreut servieren.

TIPP: Man kann auch gefrorene Aprikosen verwenden. Zum Einfrieren die frischen Aprikosen putzen, nicht waschen, nicht entkernen und einzeln in Alufolie gewickelt einfrieren. Die Aprikosen ½ Stunde vor Verwendung aus dem Gefrierfach nehmen und noch leicht angefroren in den Teig wickeln. Da die Aprikosen so keinen Zucker haben, müssen sie vor dem Servieren gut gezuckert werden. Auf die gleiche Art und Weise kann man auch Zwetschgenknödel zubereiten.

Badische Apfelküchle

Ew 2,7 g | F 7,3 g | KH 24,0 g | 171 kcal   Ergibt 12 Küchle

2 große Eier
1 Prise Salz
1 EL Zucker
1 Pck. Vanillezucker
150 g Mix it! Mehl
3 EL feiner Maisgrieß
125 ml Milch
3 große Äpfel
50 g Butterfett
Puderzucker zum Bestreuen

Eier, Salz, Zucker und Vanillezucker in einer großen Schüssel verrühren. Mehl, Maisgrieß und Milch dazugeben und zu einem dickflüssigen Teig verarbeiten. Den Teig 20 Minuten quellen lassen. Die Äpfel schälen, das Kerngehäuse mit einem Apfelausstecher entfernen und die Äpfel in ca. 2 Zentimeter dicke Scheiben schneiden.

Den Backofen auf 110 °C vorheizen. In einer Pfanne das Butterfett erhitzen. Die Apfelscheiben im Teig wenden und portionsweise in der Pfanne von beiden Seiten goldbraun ausbacken. Im Backofen warm halten und mit Puderzucker bestreut servieren.

TIPP: Die Apfelküchle schmecken auch mit Zimt und Zucker, Vanillesauce oder einer Kugel Vanilleeis!

Dampfnudeln

Ew 4,2 g | F 10,1 g | KH 43,3 g | 280 kcal   Ergibt 6–8 Stück

25 g frische Hefe

160 ml lauwarme Milch

70 g Zucker

450 g Mix it! Mehl

1 Prise Salz

60 g weiche Butter

2 Eier

30 g Butter

125 ml Milch

1 EL Zucker

Vanillesauce zum Servieren

Den Backofen auf 40 °C Umluft vorheizen. Die Hefe in ein Schüsselchen bröseln, die lauwarme Milch und 30 Gramm des Zuckers hinzufügen und verrühren. Mehl, Salz und den restlichen Zucker in eine zweite Schüssel geben und vermischen. Die Butter in kleinen Stücken und die Eier jeweils in einem Gefäß bereitstellen. Den Backofen ausschalten, das Hefe- und das Mehlgemisch, die Butter und die Eier hineinstellen und 5 Minuten erwärmen. Alle Zutaten wieder herausnehmen und zu einem homogenen Teig verkneten. Diesen zurück in den warmen Backofen stellen, dabei die Schüssel mit einem Deckel verschließen. Den Teig etwa 45 Minuten gehen lassen, bis sein Volumen sichtbar gewachsen ist. Vom Teig faustgroße Teile abstechen und mit gefetteten Händen zu Kugeln formen. Diese auf ein bemehltes Küchenbrett setzen, leicht mit Mehl bestäuben und mit einem Geschirrtuch abdecken. Nochmals 30 Minuten im warmen Backofen gehen lassen.

Währenddessen Butter, Milch und Zucker in eine beschichtete Pfanne mit gut sitzendem (Glas-)Deckel geben und langsam erwärmen.

Die Teigkugeln vorsichtig vom Brett heben und in die Pfanne setzen. Sie sollten gleichmäßig in der Pfanne verteilt sein und dürfen ruhig ein wenig eng sitzen. Den Deckel auflegen. Bei mittlerer Hitze die Flüssigkeit leicht zum Köcheln bringen, dann die Hitzezufuhr etwas reduzieren. Nach etwa 30 Minuten ist die Flüssigkeit eingekocht und die Dampfnudeln haben eine knusprige, braune Kruste am Boden erhalten. Den Herd abschalten und die Dampfnudeln noch 5 Minuten stehen lassen. Dann erst den Deckel abheben, dabei darauf achten, dass kein Kondenswasser auf die Nudeln tropft, sie fallen sonst in sich zusammen. Die Nudeln heiß servieren.

TIPP: Den Deckel unter keinen Umständen während der Garzeit öffnen! Sonst fallen die Dampfnudeln in sich zusammen und bleiben teigig. Sollten Sie keinen Glasdeckel haben, durch den Sie erkennen können, ob die Flüssigkeit bereits eingekocht ist, verlassen Sie sich auf die Zeitangabe und passen Sie diese beim nächsten Mal gegebenenfalls an. Die Dampfnudeln schmecken am köstlichsten frisch aus der Pfanne. Mit Marmelade oder Kompott schmecken sie aber auch kalt.

Süße Mehlspeisen | 115

Palatschinken mit Bananen-Ricotta-Füllung ▷

Ew 3,2 g | F 4,0 g | KH 21,3 g | 131 kcal   Ergibt 4 Portionen

3 Eier
3 EL Zucker
400 ml Milch
200 g Mix it! Mehl
3 Bananen
3 EL Zitronensaft
60 g Ricotta
40 g Puderzucker
1 Pck. Vanillezucker
150 ml Schlagsahne

Margarine zum Braten
100 g Vollmilchschokolade
  zum Verzieren

Eier, Zucker und Milch verquirlen, das Mehl dazusieben und gut verrühren.
Den Teig 15 Minuten ruhen lassen, anschließend erneut gut rühren.
Bananen schälen, in Scheiben schneiden und mit dem Zitronensaft beträufeln.
Ricotta in eine Schüssel geben, Puderzucker und Vanillezucker mischen, dazusieben und gut verrühren. Die Bananenscheiben mit der Ricottamasse mischen.
Sahne steif schlagen und vorsichtig unter die Ricotta-Bananen-Mischung heben.
Die Pfannkuchen in einer beschichteten Pfanne mit etwas Margarine nacheinander backen. Vollmilchschokolade im Wasserbad schmelzen. Etwas Bananen-Ricotta-Masse auf jeden Pfannkuchen geben, zur Hälfte zusammenklappen und mit der Vollmilchschokolade verzieren. Warm servieren.

TIPP: Palatschinken mit Mix it! Mehl Dunkel zubereiten: Einfach die Milchmenge auf 450 Milliliter erhöhen, die restlichen Zutaten und die Zubereitung bleiben gleich.

VARIANTE: APFEL-QUARK-FÜLLUNG

3 Äpfel
6 EL Zucker
1 EL Zitronensaft
250 g Quark
150 ml Sahne
1 Pck. Sahnesteif
50 g Puderzucker

Äpfel schälen und in mundgerechte Stücke schneiden. Zitronensaft, 2 Esslöffel des Zuckers und 250 Milliliter Wasser mit den Apfelstücken in einen Topf geben, unter Rühren aufkochen, die Hitzezufuhr reduzieren und 10 Minuten köcheln lassen.
Den Quark mit dem restlichen Zucker verrühren. Die Apfelstücke durch ein Sieb abgießen, abtropfen lassen, dann zur Quarkmasse geben und miteinander vermischen.
Sahne mit Sahnesteif steif schlagen, unter die Apfel-Quark-Masse heben. Etwas Apfelquark auf jeden Pfannkuchen geben, zur Hälfte zusammenklappen, mit Puderzucker bestäuben und warm servieren.

Quarkbällchen

Ew 8,0 g | F 2,7 g | KH 43,4 g | 228 kcal   Ergibt ca. 40 Stück

250 g Mix it! Mehl
16 g Backpulver
100 g Zucker
2 Pck. Vanillezucker
3 Eier
250 g Magerquark
Frittierfett zum Ausbacken
Zimt und Zucker zum Bestäuben

Mehl und Backpulver mischen. Zucker und Vanillezucker dazugeben und untermengen. Die Eier und den Magerquark dazugeben und alles zu einem dicken, cremigen Teig verquirlen.

Frittierfett erhitzen. Mit einem Teelöffel Teig abstechen und mithilfe eines zweiten Löffels den Teig in das heiße Fett gleiten lassen. Nicht zu viel Teig nehmen, damit die Bällchen gut durchbacken können. Die Bällchen rundum goldbraun ausbacken. Dann mit einem Schaumlöffel herausheben und auf Küchenpapier abtropfen lassen. Noch warm in einer Zimt-Zucker-Mischung wälzen und servieren.

Die Quarkbällchen lassen sich ohne Zimt und Zucker gut einfrieren. Nach dem Auftauen kurz in der Mikrowelle erwärmen und dann in Zimt und Zucker wälzen.

Kaiserschmarrn

Ew 10,0 g | F 24,4 g | KH 65,5 g | kcal 231   4 Portionen

100 g Rosinen
4 EL Mandelstifte
4 Eier
80 g Zucker
225 ml Milch
200 g Mix it! Mehl
1 Prise Salz
100 ml Mineralwasser
3 EL Butter
etwas Puderzucker

Die Rosinen in heißem Wasser einweichen. Mandeln in einer Pfanne ohne Fettzugabe leicht rösten, zum Abkühlen auf einen Teller geben. Die Eier trennen, das Eigelb 5 Minuten schaumig schlagen, den Zucker langsam einrieseln lassen und weitere 5 Minuten schlagen. Erst die Milch, dann das Mehl einrühren und zu einem geschmeidigen Teig verarbeiten. Den Backofen auf 190 °C vorheizen. Das Eiweiß mit einer Prise Salz zu einem steifen Eischnee schlagen. Das Mineralwasser, die abgetropften Rosinen und die gerösteten Mandelstifte unterrühren. Etwas Butter in einer ofenfesten Pfanne zerlassen. Währenddessen den Eischnee unter den Teig heben. Ein Drittel des Teiges in die Pfanne gießen und einige Minuten stocken lassen. Die Pfanne auf mittlere Schiene in den Backofen geben und etwa 10 Minuten backen, bis der Teig von oben goldbraun ist. Den fertigen Schmarrn mit zwei Gabeln in mundgerechte Stücke zupfen. Mit dem restlichen Teig ebenso verfahren. Zum Anrichten mit Puderzucker bestäuben.

Süße Mehlspeisen | 119

Herzhaftes Gebäck

Wraps mit Putenfleisch-Thunfisch-Füllung

Ew 7,7 g | F 12,7 g | KH 8,0 g | 161 kcal   Ergibt 6 Stück

Teig

200 g Mix it! Mehl Dunkel

½ TL Salz

4 Eier

600 ml Milch

gehackte Kräuter nach Geschmack
   (z. B. Petersilie, Schnittlauch)

Füllung

300 g Putenfleisch

2 EL Olivenöl

1 große Dose Thunfisch

3 Tomaten

150 g Blattsalat

200 g Mayonnaise

250 g saure Sahne

1 EL Zitronensaft

2 EL Kapern

Salz, schwarzer Pfeffer

Mehl, Salz, Eier und Milch zu einem dickflüssigen Teig verquirlen. Die Kräuter dazugeben und unterrühren. Den Teig 30 Minuten quellen lassen.

Das Putenfleisch in Streifen schneiden, mit Salz und Pfeffer würzen, in einer Pfanne in etwas Öl knusprig braten, beiseitestellen und warm halten. Den Thunfisch abtropfen lassen, die Tomaten in Würfel schneiden. Den Salat waschen und trocken schleudern, die Salatblätter ganz lassen.

Mayonnaise, saure Sahne, Zitronensaft und das restliche Olivenöl verrühren, mit Salz und Pfeffer abschmecken. Kapern, Thunfisch und Tomatenwürfel unterrühren. In einer beschichteten Pfanne etwas Öl erhitzen. Den Wrapteig aufrühren. Etwa 3 Esslöffel Teig in die Pfanne geben und mit einer Teigkarte gleichmäßig verteilen. Auf beiden Seiten goldbraun backen und warm stellen. Mit dem restlichen Teig ebenso verfahren. Jeden Wrap mit einem Salatblatt belegen, die Putenstreifen drauf verteilen und schließlich die Thunfischsauce daraufstreichen. Ein Stück des Wraps einklappen, damit von der Füllung nichts herausfallen kann, den Wrap dann tütenförmig einrollen. Zum Servieren das untere Ende in ein Stück Butterbrotpapier oder Alufolie schlagen, damit man den Wrap in der Hand halten kann.

TIPP: Die Wraps lassen sich gut vorbereiten und schmecken auch kalt. Wenn man die Kräuter im Teig weglässt, lassen sich auch süße Varianten nach Lust und Laune zaubern.

Herzhaftes Gebäck

Spinat-Pfannkuchen

Ew 5,2 g | F 6,5 g | KH 9,7 g | 117 kcal   Ergibt 4 Portionen

Teig
1 Ei

1 TL Salz

60 g Mix it! Mehl

150 ml Milch

Margarine zum Braten

Spinatfüllung
150 g Spinat

60 g Schafskäse

60 g gekochter Schinken

1 Zwiebel

15 g Butter

15 g Mix it! Mehl

130 ml Gemüsebrühe

125 ml Milch

1 TL Öl

1 Handvoll glatte Petersilie

Salz, schwarzer Pfeffer, Muskatnuss

VARIANTE HACKFLEISCHFÜLLUNG
1 große Zwiebel

4 Knoblauchzehen

1 EL Öl

300 g gemischtes Hackfleisch

4 EL Tomatenmark

200 g Champignons

200 g Mais aus der Dose

80 ml Gemüsebrühe

2 TL Stärke

6 EL Sahne

1 EL Kräuter der Provence

Salz, schwarzer Pfeffer

Ei, Salz, Mehl und Milch zu einem glatten Teig verrühren. Den Teig 30 Minuten quellen lassen. Den Spinat in reichlich kochendem Salzwasser 2 Minuten blanchieren und in einem Sieb gut abtropfen lassen. Die Zwiebel fein würfeln, den Schafskäse und den Schinken grob würfeln. Butter erhitzen und die Zwiebeln darin 2 Minuten andünsten. Mit Mehl bestäuben, Brühe und die Milch unter ständigem Rühren dazugeben, aufkochen und etwas einkochen lassen.

Den Teig noch einmal gut aufrühren, Margarine in einer beschichteten Pfanne erhitzen und aus dem vorbereiteten Teig nacheinander vier Pfannkuchen backen. Spinat, Schinken und Schafskäse mischen. Auf den Pfannkuchen verteilen und aufrollen. Die Petersilie fein hacken. Die Sauce mit Pfeffer, Salz und Muskatnuss würzen, nochmals aufkochen und die Petersilie unterrühren. Die Pfannkuchen jeweils in drei Stücke schneiden und die Béchamelsauce dazu reichen.

VARIANTE HACKFLEISCHFÜLLUNG: Zwiebeln und Knoblauch fein würfeln. In einer Pfanne etwas Öl erhitzen und die Zwiebeln mit dem Knoblauch darin andünsten. Das Hackfleisch hinzufügen und gut anbraten, mit Salz und Pfeffer würzen. Champignons in Scheiben schneiden und mit dem Tomatenmark und dem Mais dazugeben. Unter Rühren 5 Minuten braten. Mit der Brühe ablöschen, die Sauce mit Stärke binden. Sahne und Kräuter unterrühren. Die Pfannkuchen damit bestreichen, einrollen, in drei Stücke schneiden und heiß servieren.

Käsetaler

Ew 12,1 g | F 14,7 g | KH 33,2 g | 311 kcal   Ergibt 2 Backbleche

200 g Mix it! Mehl
100 g Buchweizenmehl
150 g geriebener, herzhafter Hartkäse
½ TL Salz
1 Prise Cayennepfeffer
1 TL gemahlene Flohsamenschalen
2 TL Backpulver
3 Eier
100 ml Milch
50 ml Rapsöl
Mohn, Sesam, Kümmel, italienische Kräuter oder Kräuter der Provence zum Bestreuen

Mehl, Käse, Salz, Cayennepfeffer, Flohsamen und Backpulver mischen. Die Eier mit Milch und Rapsöl verquirlen und unter die Mehl-Käse-Mischung rühren. Den Teig in einen Spritzbeutel ohne Tülle füllen.

Auf ein mit Backpapier ausgelegtes Backblech kleine Häufchen spritzen, mit nassen Fingern glatt streichen. Die Käsetaler nach Wunsch mit Sesam, Mohn, Kümmel oder italienischen Kräutern bestreuen und 30 Minuten an einem kühlen Ort ruhen lassen. Den Backofen auf 170 °C vorheizen und die Taler in etwa 15 Minuten goldgelb backen. Die Taler schmecken noch warm zu einem Glas Wein oder glutenfreiem Bier.

Blitzpizza aus Quarkteig

Ew 5,4 g | F 7,1 g | KH 18,1 g | 164 kcal   Ergibt 1 Pizza

Tomatensauce

100 g stückige Tomaten aus der Dose
1–2 Knoblauchzehen
2 Msp. Kräutersalz
Pizzagewürz, Oregano, Basilikum, Rosmarin oder Salbei nach Geschmack
schwarzer Pfeffer

Quarkteig

60 g Mix it! Mehl Dunkel
60 g Magerquark
2 EL Olivenöl
1 Msp. Kräutersalz
4 g Weinsteinbackpulver

Belag nach Geschmack (z. B. Gemüse und Käse, Mozzarella und frische Tomaten, Spinat, Ricotta und Schafskäse, Schinken und Käse, Blauschimmelkäse, Birnenwürfel und Walnüsse etc.)

Der Teig soll ab dem Zeitpunkt des Zusammenrührens innerhalb von 5 Minuten im Backofen sein, da sonst das Backpulver die Wirkung verliert und die Pizza nicht mehr so schön aufgeht. Daher alles gut vorbereiten. Für die Sauce alle Zutaten verrühren und kräftig würzen. Den Belag vorbereiten. Den Backofen auf 200 °C Umluft oder 220 °C Ober- und Unterhitze vorheizen.

Erst dann den Teig zubereiten. Dafür alle Zutaten der Reihe nach in eine Schüssel geben. Zum Schluss das Backpulver unter das Mehl mischen. Das Backpulver darf dabei nicht feucht werden und vor dem Vermengen nur mit dem Mehl in Berührung kommen. Nun alle Zutaten in wenigen Sekunden zunächst mit einer Teigkarte, dann eventuell mit den Händen verrühren. Je kürzer Sie den Teig rühren, desto lockerer wird die Pizza! Ist der Teig zu fest, wenig kaltes Wasser untermischen. Die benötigte Wassermenge hängt vom Wassergehalt des Quarks ab.

Den Teig mit einer nassen Teigkarte auf ein mit Backpapier ausgelegtes Backblech streichen. Dabei die Teigkarte immer wieder in das Wasser tauchen. Rasch mit Tomatensauce bestreichen und dem Belag belegen. Der Belag soll nicht zu feucht sein, sonst weicht der Teig beim Backen zu sehr auf. Die Pizza im Ofen auf unterster Schiene etwa 20 Minuten backen.

Pizza

Ew 6,4 g | F 7,6 g | KH 32,1 g | 223 kcal   Ergibt 1 Backblech

Teig

32 g frische Hefe
1 TL Zucker
400 g Mix it! Mehl
1 ½ TL Salz
280 ml lauwarmes Wasser
4 EL Olivenöl

Belag

400 g geschälte oder stückige Tomaten aus der Dose
250 g Mozzarella
Gemüse, Schinken, Salami etc. nach Geschmack
Oregano, Pfeffer oder Peperoncino

Die frische Hefe in ein Gefäß bröseln, Zucker und 100 Milliliter des Wassers dazugeben. Einige Minuten stehen lassen, bis die Mischung Blasen wirft. Mehl und Salz vermischen.

Den Backofen auf 40 °C Umluft vorheizen. Die Hefemischung, das Olivenöl und den Rest des Wassers zum Mehl geben und zu einem homogenen Teig verarbeiten. Den Backofen wieder ausschalten. Den Hefeteig in den warmen Backofen stellen, dabei entweder die Schüssel mit einem Deckel verschließen oder aber ein feuchtes Geschirrtuch über den Rost legen und diesen oberhalb der Schüssel in den Backofen schieben. Den Teig so lange gehen lassen, bis er sein Volumen deutlich vergrößert hat (etwa 45–60 Minuten). Den Teig herausnehmen und den Backofen auf 240 °C Umluft vorheizen. Ein Backblech mit Olivenöl einfetten. Die Hände ein wenig einfetten und den Teig mit den Fingern gleichmäßig auf dem Backblech verteilen.

Die Tomaten pürieren, mit Oregano und Pfeffer (oder Peperoncino) würzen, die Pizza damit bestreichen. Mit den Zutaten ganz nach Geschmack belegen. Auf zweiter Schiene von unten zunächst 10 Minuten backen. Währenddessen den Mozzarella in dünne Scheiben oder in Stücke schneiden. Nach dem Vorbacken die Pizza mit dem Mozzarella belegen und auf zweiter Schiene von oben in ca. 8 Minuten fertigbacken, bis der Mozzarella leicht gebräunt ist und beginnt, Blasen zu werfen.

TIPP: Für einen dunklen Teig folgende Zutaten verwenden: 40 Gramm frische Hefe, 1 Teelöffel Zucker, 400 Gramm Mix it! Mehl Dunkel, 1 gehäufter Teelöffel Salz, 4 Esslöffel Olivenöl, 440 Milliliter lauwarmes Wasser. Wie oben beschrieben zubereiten.

Gemüsetarte

Ew 6,4 g | F 18,0 g | KH 12,6 g | 238 kcal   Ergibt 1 Tarte

Teig

200 g Mix it! Mehl
100 g Butter
½ TL Salz
150 g Frischkäse
1 Ei

Belag

500 g Gemüse
   (z. B. Paprika, Zucchini)
50 g Salami
100 g Schafskäse
2 Schalotten
1–2 Knoblauchzehen
1 EL Olivenöl
150 ml Sahne
3 Eier
frische Kräuter nach Geschmack
   (z. B. Schnittlauch, Petersilie, Bärlauch)
Salz, Pfeffer und Muskatnuss

Mehl, Butter, Salz, Frischkäse und Ei zu einem geschmeidigen Teig verkneten und 1 Stunde im Kühlschrank kalt stellen.

Das Gemüse gegebenenfalls entkernen und in Streifen oder mundgerechte Stücke schneiden. Salami und Schafskäse würfeln. Zwiebel und Knoblauch fein würfeln und in einer Pfanne in etwas Öl glasig dünsten. Gemüse und Salami dazugeben, einige Minuten unter Rühren anbraten und anschließend leicht abkühlen lassen.

Den Backofen auf 200 °C Umluft vorheizen. Den Teig ausrollen. Die Tarteform (Durchmesser 30 Zentimeter) umgekehrt darauflegen und rundherum den Teig abschneiden. Den Teig in die gefettete Tarteform setzen. Aus Backpapier einen Streifen falten, um den Teigrand zu stützen, so fällt er nicht ein. Den Boden mit einer Gabel mehrmals einstechen und im Ofen 10 Minuten vorbacken.

Eier und Sahne verquirlen, mit Salz, Pfeffer und Muskat würzen. Die Gemüsemischung und den Schafskäse daruntermengen und auf dem vorgebackenen Boden verteilen. Die Quiche im Ofen in etwa 25 Minuten fertig backen, bis sie goldbraun ist, und noch heiß servieren.

TIPP: Für eine vegetarische Variante 300 Gramm Lauch in Streifen schneiden mit der Sahne und den Eiern mischen. Statt der Salami noch 50 Gramm geriebenen Emmentaler dazugeben und wie oben beschrieben fertigstellen.

Zwiebelschnecken

Ew 4,0 g | F 8,6 g | KH 44,7 g | 271 kcal   Ergibt 30 Schnecken

Teig

500 g Mix it! Mehl
1 ½ TL Salz
1 TL gemahlene Flohsamenschalen
10 g Trockenhefe
½ TL Zucker
190 ml lauwarmes Wasser
190 ml lauwarme Milch
1 EL Olivenöl

Füllung

200 g Crème fraîche
1 große Zwiebel
30 g Speckwürfel
Salz, schwarzer Pfeffer, Kümmel

Mehl, Salz und Flohsamen mischen. In die Mitte eine Mulde drücken, Hefe, Zucker und ein Drittel der Flüssigkeit hineingeben und ruhen lassen, bis die Mischung Blasen wirft.

Öl und die restliche Flüssigkeit zu der Mehlmischung geben und alles zu einem geschmeidigen Teig kneten, der sich leicht von der Schüssel löst. Den Teig abdecken und 10 Minuten ruhen lassen.

Den Teig halbieren, jeweils auf einer Silikonmatte oder auf Frischhaltefolie zu einem 5 Millimeter dicken Rechteck ausrollen, mit der Creme fraîche einstreichen. Die Zwiebel fein würfeln und mit dem Speck auf beide Teighälften verteilen. Nach Geschmack mit Salz, Pfeffer und Kümmel abschmecken.

Die Teigrechtecke mithilfe der Silikonmatte oder der Folie aufrollen und mit einem Brotmesser in 2 Zentimeter dicke Scheiben schneiden. Die Scheiben auf ein mit Backpapier ausgelegtes Backblech geben, mit feuchten Fingern in Form drücken und 20 Minuten an einem warmen Ort gehen lassen.

Den Backofen auf 250 °C vorheizen. Die Schnecken im Ofen in 15–18 Minuten goldbraun backen. Bei Backbeginn mit einer Sprühflasche Wasser in den heißen Ofen spritzen oder ½ Glas Wasser auf die Fettpfanne gießen.

TIPP: Statt Zwiebeln und Speck je 200 Gramm gekochten Schinken und geriebenen Emmentaler auf der Crème fraîche verteilen. Ansonsten wie oben beschrieben fertigstellen.

Die Schnecken lassen sich besser schneiden, wenn man sie eingewickelt in Frischhaltefolie 30 Minuten ins Gefrierfach legt.

Herzhaftes Gebäck | 133

Lachsmuffins

Ew 8,2 g | F 14,3 g | KH 23,6 g | 248 kcal   Ergibt 12 Muffins

200 g Lachs
60 g Stangensellerie
50 g Zwiebeln oder Frühlingszwiebeln
½ Bd. Dill
40 g saure Sahne
240 g Mix it! Mehl
2 ½ TL Backpulver
½ TL Salz
¼ TL frisch gemahlener Pfeffer
30 g geriebener Käse
   (z. B. Emmentaler)
1 Ei
80 ml neutrales Pflanzenöl
200 ml Buttermilch

Den Backofen auf 160 °C Umluft vorheizen. Eine 12er Muffinform einfetten und 5 Minuten in die Tiefkühltruhe stellen. Lachs, Sellerie und Zwiebel fein würfeln, Dill fein hacken. Saure Sahne in einer Schüssel mit Lachs, Sellerie, Zwiebeln und Dill vermischen. In einer zweiten Schüssel Mehl, Backpulver, Salz, Pfeffer und Käse vermengen. Das Ei in einer dritten Schüssel leicht verquirlen, Öl und Buttermilch zugeben und verrühren.

Ei- und Lachsmischung sorgfältig miteinander vermengen. Die Mehlmischung hinzufügen und nur so lange rühren, bis die trockenen Zutaten feucht sind. Den Teig gleichmäßig in die Vertiefungen füllen und im Ofen etwa 30 Minuten backen. Die fertigen Muffins aus dem Ofen nehmen und 5 Minuten in der Form ruhen lassen, dann herausnehmen und noch warm servieren.

Oliven-Feta-Muffins

Ew 6,8 g | F 17,3 g | KH 15,6 g | 249 kcal   Ergibt 12 Muffins

70 g entsteinte schwarze Oliven

200 g Mix it! Mehl Dunkel

2 ½ TL Backpulver

½ TL Natron

1 EL gehackter Rosmarin

½ TL Salz

¼ TL frisch gemahlener Pfeffer

200 g griechischer Feta

1 Ei

80 ml Olivenöl

300 g Naturjoghurt

Den Backofen auf 160 °C Umluft vorheizen. Eine 12er Muffinform einfetten und 5 Minuten in die Tiefkühltruhe stellen. Oliven in Ringe schneiden. Mehl, Backpulver, Natron, Rosmarin, Salz, Pfeffer und Oliven mischen. 150 Gramm des Fetas in 12 Würfel schneiden. Übrigen Feta klein schneiden und beiseitestellen.

Das Ei in einer zweiten Schüssel leicht verquirlen. Öl und Joghurt zugeben und gut verrühren. Die Mehlmischung hinzufügen und nur so lange rühren, bis die trockenen Zutaten feucht sind. Die Hälfte des Teiges in die Vertiefungen füllen, je 1 Fetawürfel hineingeben, mit dem übrigen Teig auffüllen und mit dem restlichen Feta bestreuen. Im Ofen auf mittlerer Schiene 25–30 Minuten backen. Die fertigen Muffins aus dem Ofen nehmen und 5 Minuten in der Form ruhen lassen. Dann herausnehmen und noch warm servieren.

Grundrezepte

Rührteig

Rührteig ist die Grundlage vieler Kuchenvariationen: Sandkuchen, Marmorkuchen, Schokoladekuchen, gefüllte oder belegte Torten. Der Grundteig kann mit Rosinen, Schoko- oder Nussstückchen verfeinert werden. Auch gemahlene Nüsse lassen sich in den Teig rühren, für 80 Gramm wird die Mehlmenge um etwa 50 Gramm reduziert.

Vor dem Backen kann man den Kuchen mit frischen Aprikosenspalten belegen, nach dem Backen kann man aus dem unbelegten Kuchen diverse Torten zubereiten. Dafür darf der Kuchen nicht zu trocken werden, sonst bröselt er beim Auseinanderschneiden. Den Kuchen einmal quer durchschneiden und mit Marmelade, Sahne oder Frucht-Sahne-Mischungen füllen. Die zweite Bodenhälfte aufsetzen und den Kuchen rundum mit der Masse oder einer Schokoglasur überziehen. Oder einfach nur mit Puderzucker bestäuben.

RÜHRTEIG 1 MIT DUNKLEM MEHL

Ew 4,7 g | F 25,6 g | KH 41,7 g | 414 kcal

Ergibt 1 Gugelhupfform, 1 Kastenform oder 1 Springform (Durchmesser 26 cm)

250 g weiche Butter
180 g Zucker
1 Pck. Vanillezucker
4 große Eier
abgeriebene Schale von 1 Zitrone
200 g Mix it! Mehl Dunkel
50 g Stärke
3 TL Backpulver

Den Backofen auf 175 °C vorheizen. Die gewünschte Kuchenform einfetten und bemehlen. Butter schaumig schlagen, Zucker und Vanillezucker dazugeben und weiterschlagen. Nacheinander die Eier unterrühren, die Zitronenschale zugeben und alles zu einer cremigen Masse verarbeiten. Mehl, Stärke und Backpulver sorgfältig mischen, zur Eiermasse geben und vorsichtig, aber gründlich unterziehen.

Den Teig in die Backform füllen und im Ofen etwa 45 Minuten backen. Den fertigen Kuchen aus dem Ofen nehmen und in der Form auskühlen lassen. Anschließend auf eine Kuchenplatte stürzen.

RÜHRTEIG 2 MIT HELLEM MEHL

Ew 3,8 g | F 20,8 g | KH 54,5 g | 413 kcal

Ergibt 1 Gugelhupfform, 1 Kastenform oder 1 Springform (Durchmesser 26 cm)

250 g weiche Butter	Den Backofen auf 175 °C vorheizen. Die gewünschte Kuchenform einfetten und bemehlen. Butter, Zucker, Vanillezucker und Salz schaumig schlagen. Nacheinander die Eier unterrühren. Mehl, Stärke, Flohsamen und Backpulver mischen, löffelweise zum Teig geben und gut verrühren.
200 g Zucker	
1 Pck. Vanillezucker	
1 Prise Salz	
4 Eier	Den Teig in die Backform füllen und im Ofen etwa 45 Minuten backen. Den fertigen Kuchen aus dem Ofen nehmen und in der Form auskühlen lassen. Anschließend auf eine Kuchenplatte stürzen.
350 g Mix it! Mehl	
100 g Stärke	
1 TL gemahlene Flohsamenschalen	
18 g Backpulver	

Hefeteig

Allgemein bildet süßer Hefeteig die Grundlage für verschiedene Kuchen und Stollen, für Zöpfe und süße Brötchen sowie für Rohr- und Dampfnudeln und verschiedenes Fettgebäck (z. B. Faschingskrapfen). Der salzige Teig lässt sich zu Pizza oder Focaccia weiterverarbeiten. Der Umgang mit Hefeteig erfordert ein wenig Übung, da die Temperaturen und Gehzeiten jeweils eine wichtige Rolle spielen. Im Allgemeinen gilt für Gebäcke aus glutenfreiem Hefeteig: ganz frisch genießen! Gerade der süße Hefeteig trocknet relativ schnell aus.

SÜSSER HEFETEIG

Ew 4,3 g | F 9,9 g | KH 38,4 g | 257 kcal   Ergibt 1 Backblech

30 g frische Hefe
300 ml lauwarme Milch
75 g Zucker
300 g Mix it! Mehl
150 g Mix it! Mehl Dunkel
1 Prise Salz
2 Eier
75 g weiche Butter

Den Backofen auf 40 °C Umluft vorheizen. Die frische Hefe in ein Gefäß bröseln, 30 Gramm des Zuckers und die Milch dazugeben und vermengen. Beide Mehlsorten, den restlichen Zucker und das Salz in eine Schüssel geben und vermischen. Die Butter in kleinen Stücken und die Eier jeweils in einem Gefäß bereitstellen. Den Backofen wieder ausschalten. Das Hefe- und das Mehlgemisch, die Butter und die Eier in den Backofen stellen und 5 Minuten erwärmen. Alle Zutaten wieder herausnehmen und zu einem homogenen Teig verkneten.

Den Hefeteig in den warmen Backofen stellen, dabei entweder die Schüssel mit einem Deckel verschließen oder aber ein feuchtes Geschirrtuch über den Rost legen und diesen oberhalb der Schüssel in den Backofen schieben. Den Teig so lange gehen lassen, bis er sein Volumen deutlich vergrößert hat (etwa 30 Minuten).

Den Teig nach Wunsch weiterverarbeiten, zum Beispiel zu einem Blechkuchen mit Früchten, siehe dazu Seite 52.

TIPP: Man kann den Hefeteig auch mit 600 Gramm Mix it! Mehl anstatt mit der Mischung aus beiden Mehlen herstellen. Allerdings muss dann die Backzeit um ein paar Minuten verkürzt werden.

SALZIGER HEFETEIG

Ew 3,8 g | F 9,3 g | KH 70,1 g | kcal 380   Ergibt 1 Backblech

32 g frische Hefe
1 TL Zucker
280 ml lauwarmes Wasser
400 g Mix it! Mehl
1 ½ TL Salz
4 EL Olivenöl

Den Backofen auf 40 °C Umluft vorheizen. Die frische Hefe in ein Gefäß bröseln, Zucker und 100 Milliliter des Wassers dazugeben und vermengen. Mehl und Salz vermischen. Das Hefe- und das Mehlgemisch im Ofen 5 Minuten erwärmen, herausnehmen und mit dem Olivenöl und dem restlichen Wasser vermengen und zu einem homogenen Teig verkneten.

Den Backofen wieder ausschalten. Den Hefeteig in den warmen Backofen stellen, dabei entweder die Schüssel mit einem Deckel verschließen oder aber ein feuchtes Geschirrtuch über den Rost legen und diesen oberhalb der Schüssel in den Backofen schieben. Den Teig so lange gehen lassen, bis er sein Volumen deutlich vergrößert hat (45–60 Minuten).

Ein Backblech mit Olivenöl einfetten. Den Teig mit eingefetteten Händen oder mithilfe eines Nudelholzes und einem Stück Frischhaltefolie gleichmäßig auf dem Blech verteilen.

TIPP: Für die gleiche Menge Mix it! Mehl Dunkel muss die Hefemenge auf 40 Gramm und die Wassermenge auf 440 Milliliter erhöht werden. Der Zubereitung bleibt gleich. Für eine Focaccia den Teig nach dem Gehen auf einem gefetteten Blech verteilen, mit Rosmarin, gehacktem Knoblauch und grobem Salz bestreuen und mit Olivenöl beträufeln. Bei 240 °C Umluft ca. 10 Minuten backen.

Grundrezepte | 139

Mürbeteig

Das Besondere am Mürbeteig ist, dass er mit kalten Zutaten verarbeitet wird und mit den Händen knetbar ist. Ist der Teig zu trocken, tropfenweise Milch unterrühren; ist er zu feucht, ein wenig mehr Mehl einarbeiten. Vor der weiteren Verwendung muss er nochmals gekühlt werden. Danach den Teig zwischen zwei Lagen Frischhaltefolie ausrollen. Damit er beim Hineinlegen in die Form nicht bricht, kann er auf das Nudelholz aufgerollt und über der Form wieder abgerollt werden.

Häufig wird Mürbeteig zunächst „blind", also ohne Belag gebacken, damit eine sehr feuchte Füllung den Boden nicht durchweicht. Den Boden dafür mehrfach mit einer Gabel einstechen und trockene Hülsenfrüchte wie Erbsen oder Bohnen darauf verteilen, dann 10 Minuten backen. Die Hülsenfrüchte fürs Blindbacken lassen sich in einem Schraubglas aufbewahren und mehrfach verwenden.

SÜSSER MÜRBETEIG

Ew 3,4 g | F 19,9 g | KH 59,0 g | 425 kcal   Ergibt 1 Springform (Durchmesser 26 cm)

220 g Mix it! Mehl
2 TL Backpulver
60 g Zucker
1 Pck. Vanillezucker
1 Ei
100 g kalte Butter

Die trockenen Zutaten vermengen, in die Mitte eine Mulde drücken. Das Ei hineingeben, die Butter in kleinen Stückchen rundherum verteilen und mit den Händen zügig zu einem geschmeidigen Teig verkneten. Den Teig zu einer Kugel formen, in Frischhaltefolie einwickeln und 30 Minuten im Kühlschrank kalt stellen.

TIPP: Der Teig lässt sich mit Kakaopulver oder gemahlenen Nüssen variieren. Er dient dünn ausgerollt als Boden für verschiedenste Torten, ob für Russischen Zupfkuchen, süße Tartelettes oder als Unterlage für Obsttorten. Aus dem ausgerollten Teig kann man außerdem Plätzchen ausstechen oder Hörnchen formen.

SALZIGER MÜRBETEIG

Ew 4,2 g | F 25,8 g | KH 46,8 g | 437 kcal   Ergibt 1 Springform (Durchmesser 26 cm)

200 g Mix it! Mehl oder
170 g Mix it! Mehl Dunkel
½ TL Salz
1 Ei
100 g kalte Butter

Mehl und Salz vermischen, in die Mitte eine Mulde drücken. Das Ei hineingeben, die Butter in kleinen Stückchen rundherum verteilen und mit den Händen zügig zu einem geschmeidigen Teig verkneten. Den Teig zu einer Kugel formen, in Frischhaltefolie einwickeln und 30 Minuten im Kühlschrank kalt stellen.

TIPP: Der salzige Mürbeteig eignet sich vor allem für herzhafte Tartes und Quiches.

Biskuitteig

Biskuitteig wird für viele Rollen und Torten verwendet: Schwarzwälder Kirschtorte, Käsesahnetorte usw. Er enthält kein Fett und bezieht seine Triebkraft im Teig vor allem durch das steif geschlagene Eiweiß (und die darin eingeschlossenen Luftbläschen). Daher ist es sehr wichtig, den Eischnee vorsichtig und nur so lange wie unbedingt nötig unterzuziehen, damit man die darin eingeschlossene Luft nicht wieder herausschlägt.

Ew 6,9 g | F 5,4 g | KH 50,8 g | 272 kcal   Ergibt 1 Springform (Durchmesser 26 cm)

4 Eier
2 EL warmes Wasser
100 g Zucker
1 Pck. Vanillezucker
100 g Mix it! Mehl
30 g Stärke
1 TL Backpulver

Den Backofen auf 190 °C vorheizen. Den Boden einer Springform mit Backpapier auslegen. Eier trennen, Eigelb mit Wasser aufschlagen, zwei Drittel des Zuckers und den Vanillezucker einrieseln lassen und zu einer cremigen, hellen Masse aufschlagen. Das Eiweiß sehr steif schlagen, löffelweise den restlichen Zucker unterschlagen. Eischnee zur Eigelbcreme geben, Mehl, Stärke und Backpulver sorgfältig mischen und unter die Eigelbcreme ziehen. Den Teig in die Form füllen und sofort im Ofen etwa 25 Minuten backen. Den Rand vorsichtig mit einem Messer lösen, den Kuchen aus der Form stürzen, das Backpapier abziehen und auf einem Rost auskühlen lassen.

Register

Rezepte von A–Z

Amerikaner	85
Apfelkuchen, gedeckt	55
Apfelküchle	114
Badische Apfelküchle	114
Ballaststoffbombe	37
Bienenstich	72
Birnenkuchen mit Schmand-Quark-Guss	56
Biskuitrolle	61
Biskuitteig	141
Blitzpizza aus Quarkteig	127
Boden für Obstkuchen	62
Brombeertorte	75
Brownies	84
Dampfnudeln	115
Donauwelle	57
Dunkle Fladen	35
Dunkle Kürbiskernbrötchen mit Joghurt	45
Dunkles Gewürzbrot	34
Eierlikörmuffins	90
Erdnussbutterplätzchen	104
Fanta-Torte	73
Fladen	35
Frankfurter Kranz	76
Gedeckter Apfelkuchen	55
Gemüsetarte	130
Gewürzbrot	34
Haselnussbrot	32
Hefeteig	138
Heidelbeermuffins	88
Kaiserschmarrn	119
Karotten-Mandel-Kuchen	68
Käsebrötchen	46
Käsekuchen	69
Käsetaler	126
Kokoswürfel	103
Körnerbrötchen	48
Kürbiskernbrötchen mit Joghurt	45
Kürbiskernkuchen aus dem Glas	67
Lachsmuffins	134
Lebkuchen	101
Maisbrot	35
Mandel-Zimt-Plätzchen	108
Marillenknödel	112
Marmorwaffeln	82
Mehrkornbrot	29
Mohnbrötchen	40
Mohn-Zimt-Kuchen mit Kirschen	65
Mürbeteig	140
Müslibrötchen	41
Neujahrsmuffins	89
Oliven-Feta-Muffins	135
Palatschinken mit Apfel-Quark-Füllung	116
Palatschinken mit Bananen-Ricotta-Füllung	116
Pizza	127, 129
Pusztabaguettes	47
Quarkbällchen	119
Quarkbrot	29
Quarkstollen	81
Rührteig	136
Russischer Zupfkuchen	58
Schmandwaffeln	82
Schmetterlingstörtchen	87
Schokokekse mit Haselnusskrokant	107
Schokoladekuchen	70
Schoko-Mandel-Küsschen	100
Schoko-Scones	95
Schwarzwälder Kirschtorte	78
Schwarz-Weiß-Gebäck	99
Sesam-Leinsamen-Brot	33
Sojaschrotbrot	38
Spinat-Pfannkuchen	124
Spitzbuben	108
Spritzgebäck	96
Trudels Lieblingsbrot	30
Vanillekipferl	107
Vollkornbrötchen	44
Waffeln als Brotersatz	49
Walnussbrötchen	42
Walnusskuchen mit Beeren	79
Wasserkuchen (Boden für Obstkuchen)	62
Wraps mit Putenfleisch-Thunfisch-Füllung	123
Zebra-Cashew-Kuchen mit Orangen	64
Zitronen-Blitz-Plätzchen	104
Zitronenmuffins	91
Zitronen-Schoko-Spiralen	96
Zucchini-Partybrötchen	38
Zwetschgendatschi	52
Zwiebelschnecken	133